撫慰不安心靈　完全版　塔羅指引書

每日一張塔羅牌

紫月香帆

楓樹林

前 言

　　致想開始學習塔羅占卜而翻開本書的各位讀者。所謂的塔羅占卜是用22張大阿爾克納加上56張小阿爾克納總共78張牌，透過解讀抽到的牌所蘊含的訊息來占卜吉凶。不管是什麼問題或煩惱都算得出來。而且這種占卜手法的最大魅力在於，只要手上有一副牌，任何人都可以占卜，就算沒有特殊能力也沒關係。

　　舉例來說，縱使是交情再好的朋友，要是連「今天要穿什麼衣服出門」、「約會能夠順利嗎」等等，做什麼都要詢問他的意見，對方一定會覺得很受不了吧？塔羅牌正是這種時候也能依靠的靠山，無論何時都不會表現出一點不耐煩，擔任專屬於你的優秀諮商師給出答案。

　　本書彙整了塔羅牌的基礎知識，讓初學者也可以輕鬆理解。為了才剛開始接觸塔羅牌的讀者，小阿爾克納只會以正位來解讀。

「要記住這麼多牌的意思好麻煩喔⋯⋯」
「一次要解讀好幾張牌的牌義也太難了吧⋯⋯」
　一定也有人是這麼想的。

　因此，本書介紹的塔羅占卜，即使不解讀牌義，也可以得知運勢、能量石、幸運色以及開運行動等資訊。尤其隨身攜帶能量石有助於提升運氣。要用攜帶每張牌的能量石來代替把牌設成手機待機畫面的作法也沒問題。這些都是我本人紫月香帆根據塔羅牌義，結合九星星氣學、風水和色彩心理學等等所得出的原創內容。

　P.195～P.207是解牌關鍵字一覽表，可以非常方便地一次看到所有關鍵字。在選擇即將採取的行動、前往的地點、穿搭衣著或其他小配件時，歡迎各位讀者多多參考。

另外，抱著讓大家可以更輕鬆無負擔地實踐塔羅占卜的想法，我在本書開頭介紹了一張牌就能搞定的「幸運籤占卜法」。

只要像抽籤一樣抽一張牌，就可以占卜當日運勢或目前需要的建議，用到的牌只有22張大阿爾克納而已。作法和一般的「單抽法」一樣。

我自己也會在對某件事猶豫不決或面臨抉擇時這麼做。這是一種非常簡單、人人都能輕鬆上手，我個人很推薦的占卜方法。

而且每天占卜會自然而然地記住牌義，也就能更熟悉第2章介紹的代表性牌陣。

塔羅牌並非可以實現幸福人生的魔法卡牌。每天占卜並不代表就一定能獲得幸福或免於不幸。要如何運用塔羅牌提供的訊息、使其產生助益，全都取決於你對牌的解釋。試著正面解釋所有訊息，進而採取有助於改善生活的行動吧！

　　塔羅占卜的目的是為了逐步提高生活品質以及招來好運。由衷期盼翻開牌的那一刻，能夠成為各位在忙碌的每一天靜下心來面對自己的寶貴時光。

開運諮商師
紫月香帆

\ 每日一張塔羅牌！/
幸運籤占卜法

幸運籤占卜法只需要從22張大阿爾克納抽出一張牌。
既簡單又能馬上實踐，不用想得太複雜，放鬆心情試試看吧！

占卜步驟

幸運籤占卜法沒有固定的抽牌時機，不過最好是在「採取行動之前」或「準備開始做某件事的時候」。在一日之始抽牌可以得知當天的傾向及因應對策，開開心心地度過一整天。要把牌攤在桌上抽或裝在袋子裡抽都行。地點或時機請配合當下的情況，以自己方便的方式來進行吧！

以水平方向翻牌。

1 盡量選一個安靜的地方

無論要在咖啡廳或辦公室都沒關係，可以的話，請選擇一個既安靜又能靜下心來的地方。要是在家就找個可以獨處的空間。以風水來說，北邊的房間較容易集中精神。

2 在桌上占卜要鋪桌巾

如果要舉例的話，桌巾就好比相撲的「土俵」（比賽場地）。倘若認為「塔羅牌是給自己的重要訊息」，那準備好適當的場地也一樣重要。讓牌更好滑動、容易拿取也是鋪桌巾的優點。

3 摸牌之前先洗手

如果直接碰牌的雙手不乾淨，占卜者就接收不到正確的訊息。手是與塔羅牌產生連結的重要部位。請先清潔雙手、靜下心來，讓心情保持平靜後再開始吧！

4 在心裡默念 想占卜的事情並洗牌

洗完牌後，保持平靜的心，邊在心裡提問邊抽牌（洗牌方式請見 P.72）。要特別注意，像「希望抽到○○牌」這種過於強烈的願望或期盼，可能會讓你接收不到正確的答案。

5 挑選一張牌即可

P.18～P.61 將會說明抽到的牌所傳遞的訊息。

在採取新的行動前
抽選一張牌

　　只要是在新的行動前占卜，一天要占卜幾次都沒關係。譬如要問「上午的工作會不會順利」就在早上抽牌、在意「晚上的約會」就在傍晚抽牌。在新的行動前抽牌可以得到準確度較高的建議。但是不停重抽直到抽到好牌為止是得不到正確答案的，請避免這麼做。

上午有一場重要的簡報！

早上

等一下要去約會♥

傍晚

可在下列情況利用塔羅牌

1 　對某事
　猶豫不決時

對方向缺乏自信或猶豫不決時，可以立刻透過幸運籤占卜法尋求建議。正面的牌讓你能帶著信心邁開步伐；就算抽到負面的牌，也能得知要注意的地方而放下心來。

2 　開啟一件
　新的事物時

例如開始學習才藝、與剛認識的人來往或換工作等等，暗自對接觸新事物感到憂心時，就試著請教塔羅牌吧！如此便能轉換心境，獲得順利起步的精準建言。

3 　日常瑣事
　也沒問題

例如「要穿什麼顏色的衣服」、「晚餐要吃什麼」等等，不管再小的事情都可以詢問。即使是連家人聽了都會翻白眼的問題，塔羅牌也會提供溫柔而誠實的答覆。

?

塔羅牌需要保養嗎？

　　只要平常有用乾淨的手拿牌並珍惜使用，不用特別保養也沒關係。假如牌角翹起或出現摺痕的話，就代表是時候買一副新的了。要是經常抽到一樣的牌或覺得不太對勁，也可以用焚燒線香或鼠尾草的煙來淨化一下。

　　塔羅牌是提供建議、提醒和警告的重要夥伴。不要隨便亂放，用自己喜歡的束口袋或小包包等特別的容器仔細收好吧！

塔羅占卜的四個注意事項

為了從塔羅牌獲取更貼近情況的建議、擁有更好的生活，
讓我們先來了解以下四個注意事項吧！

注意事項

塔羅牌是自己的個人專屬諮商師

　　幸運籤占卜法是一種為自己抽牌、訊息性極強的占卜方式。不論是無法對任何人傾訴的私密煩惱也好、就連朋友都不願理會的瑣事也罷，每天都可以無所顧忌地和塔羅牌商量。

　　塔羅牌是可靠的夥伴，就像是可推心置腹的親密摯友。來自塔羅牌的訊息是只給你一人、為你量身打造的「忠告」。正因如此，占卜時，別忘了「虛心討教」的謙虛態度，從平常就要好好珍惜塔羅牌。

注意事項

占卜時要保持心平氣和

　　為了正確接收來自塔羅牌的訊息，請沉澱心緒，以靜如止水的心情抽牌。像是「無論如何都想和他順利交往下去」、「絕對要抽到那張牌」等等，這種強烈的心願或欲望會讓真正需要的訊息無法傳達。就像是與值得信賴的朋友商量，詢問對方有什麼看法，只要用一顆坦率的心請教塔羅牌，最適合自己的訊息就會神奇顯現。

　　抽牌那短暫的一瞬間也是靜下心面對自己的寶貴時光。

頻繁出現的牌是某種暗示嗎？

若覺得自己經常抽到同一張牌，在多數情況下，那張牌代表賦予你的主題或課題。舉例來說，如果是「高塔」的話，也許不是指你詢問的事情會遇到瓶頸，而是給你的忠告或建議，提醒你「不要衝動行事」。就把這種情況理解成是時候檢討自己的行為或思考模式吧！

注意事項

將塔羅牌的訊息用於確認方向

能從牌中解讀出來的訊息或解釋，絕大多數都是抽象的。換句話說，要如何解讀、理解或運用這張牌，一切都取決於你自己。占卜結果基本上可以用來對自己的決定進行最後確認，思考「這樣做真的可以嗎」。

不過度依賴塔羅牌是跟牌好好相處的不二法門。只要能參考塔羅牌的訊息，妥善控制自己的行動或想法，就可以藉此招來好運。

注意事項

心懷感激地接受不好的牌

塔羅牌當中也有「死神」或「惡魔」這些看似不吉利的牌。然而塔羅牌絕對不會對人造成威脅，或是將人引導至不好的方向。這些牌代表「別衝動行事」、「你的想得太負面了」這些為了讓未來變得更好的提醒或警示。同時也是個好機會來思考，該怎麼做才不會被惡運所拖累。

就當作是身邊有個會為了自己認真給予忠告的諮商師，心懷感激地接受吧！

目錄

● 前言 2

\ 每日一張塔羅牌！/
幸運籤占卜法 6

● 塔羅牌解析的使用說明 14

1 章　22張大阿爾克納牌義解析

● 大阿爾克納的基本介紹 16

⓪	愚者	18		ⓍⒾ	正義	40
Ⓘ	魔術師	20		ⓍⒾⒾ	吊人	42
ⒾⒾ	女祭司	22		ⓍⒾⒾⒾ	死神	44
ⒾⒾⒾ	女皇	24		ⓍⒾⓋ	節制	46
ⒾⓋ	皇帝	26		ⓍⓋ	惡魔	48
Ⓥ	教皇	28		ⓍⓋⒾ	高塔	50
ⓋⒾ	戀人	30		ⓍⓋⒾⒾ	星星	52
ⓋⒾⒾ	戰車	32		ⓍⓋⒾⒾⒾ	月亮	54
ⓋⒾⒾⒾ	力量	34		ⓍⒾⓍ	太陽	56
ⒾⓍ	隱士	36		ⓍⓍ	審判	58
Ⓧ	命運之輪	38		ⓍⓍⒾ	世界	60

Column

塔羅活用術
設定手機待機畫面提升運氣！ 62

2 章　7 種基礎牌陣

- 塔羅牌的結構與解讀 ⋯⋯⋯⋯⋯⋯ 64
- 塔羅占卜可以做什麼 ⋯⋯⋯⋯⋯⋯ 66
- 塔羅占卜的提問方式 ⋯⋯⋯⋯⋯⋯ 68
- 如何挑選牌陣（擺牌方式）⋯⋯⋯ 70
- 洗牌和切牌的作法 ⋯⋯⋯⋯⋯⋯⋯ 72
- Spread 1　兩張牌預言牌陣 ⋯⋯ 74
- Spread 2　兩張牌心靈牌陣 ⋯⋯ 76
- Spread 3　簡易十字牌陣 ⋯⋯⋯ 78
- Spread 4　三張牌牌陣 ⋯⋯⋯⋯ 80
- Spread 5　四張牌牌陣 ⋯⋯⋯⋯ 84
- Spread 6　金字塔牌陣 ⋯⋯⋯⋯ 88
- Spread 7　六芒星牌陣 ⋯⋯⋯⋯ 92

Column　為他人占卜的三個基本注意事項 ⋯⋯ 96

3 章　56 張小阿爾克納牌義解析

- 小阿爾克納的基本介紹 ⋯⋯⋯⋯⋯ 98
- 四種花色 ⋯⋯⋯⋯⋯⋯⋯⋯⋯⋯⋯ 100
- 權杖 A ⋯⋯⋯⋯ 102
- 權杖 2 ⋯⋯⋯⋯ 103
- 權杖 3 ⋯⋯⋯⋯ 104
- 權杖 4 ⋯⋯⋯⋯ 105
- 權杖 5 ⋯⋯⋯⋯ 106
- 權杖 6 ⋯⋯⋯⋯ 107
- 權杖 7 ⋯⋯⋯⋯ 108
- 權杖 8 ⋯⋯⋯⋯ 109
- 權杖 9 ⋯⋯⋯⋯ 110
- 權杖 10 ⋯⋯⋯⋯ 111
- 權杖侍從 ⋯⋯⋯ 112
- 權杖騎士 ⋯⋯⋯ 113
- 權杖皇后 ⋯⋯⋯ 114
- 權杖國王 ⋯⋯⋯ 115

- 聖杯 A ⋯⋯⋯⋯⋯ 116
- 聖杯 2 ⋯⋯⋯⋯⋯ 117
- 聖杯 3 ⋯⋯⋯⋯⋯ 118
- 聖杯 4 ⋯⋯⋯⋯⋯ 119
- 聖杯 5 ⋯⋯⋯⋯⋯ 120
- 聖杯 6 ⋯⋯⋯⋯⋯ 121
- 聖杯 7 ⋯⋯⋯⋯⋯ 122
- 聖杯 8 ⋯⋯⋯⋯⋯ 123
- 聖杯 9 ⋯⋯⋯⋯⋯ 124
- 聖杯 10 ⋯⋯⋯⋯⋯ 125
- 聖杯侍從 ⋯⋯⋯⋯⋯ 126
- 聖杯騎士 ⋯⋯⋯⋯⋯ 127
- 聖杯皇后 ⋯⋯⋯⋯⋯ 128
- 聖杯國王 ⋯⋯⋯⋯⋯ 129
- 寶劍 A ⋯⋯⋯⋯⋯ 130
- 寶劍 2 ⋯⋯⋯⋯⋯ 131
- 寶劍 3 ⋯⋯⋯⋯⋯ 132
- 寶劍 4 ⋯⋯⋯⋯⋯ 133
- 寶劍 5 ⋯⋯⋯⋯⋯ 134
- 寶劍 6 ⋯⋯⋯⋯⋯ 135
- 寶劍 7 ⋯⋯⋯⋯⋯ 136

- 寶劍 8 ⋯⋯⋯⋯⋯ 137
- 寶劍 9 ⋯⋯⋯⋯⋯ 138
- 寶劍 10 ⋯⋯⋯⋯⋯ 139
- 寶劍侍從 ⋯⋯⋯⋯⋯ 140
- 寶劍騎士 ⋯⋯⋯⋯⋯ 141
- 寶劍皇后 ⋯⋯⋯⋯⋯ 142
- 寶劍國王 ⋯⋯⋯⋯⋯ 143
- 錢幣 A ⋯⋯⋯⋯⋯ 144
- 錢幣 2 ⋯⋯⋯⋯⋯ 145
- 錢幣 3 ⋯⋯⋯⋯⋯ 146
- 錢幣 4 ⋯⋯⋯⋯⋯ 147
- 錢幣 5 ⋯⋯⋯⋯⋯ 148
- 錢幣 6 ⋯⋯⋯⋯⋯ 149
- 錢幣 7 ⋯⋯⋯⋯⋯ 150
- 錢幣 8 ⋯⋯⋯⋯⋯ 151
- 錢幣 9 ⋯⋯⋯⋯⋯ 152
- 錢幣 10 ⋯⋯⋯⋯⋯ 153
- 錢幣侍從 ⋯⋯⋯⋯⋯ 154
- 錢幣騎士 ⋯⋯⋯⋯⋯ 155
- 錢幣皇后 ⋯⋯⋯⋯⋯ 156
- 錢幣國王 ⋯⋯⋯⋯⋯ 157

- 小阿爾克納的象徵意義 ⋯⋯⋯⋯⋯ 158
- 牌面圖案的象徵意義 ⋯⋯⋯⋯⋯ 162

4章　塔羅知識大解密

- 歷史悠久且命中率極高的塔羅占卜 ⋯⋯⋯⋯⋯ 168
- 塔羅牌的歷史 ⋯⋯⋯⋯⋯ 170
- 塔羅牌的變遷 ⋯⋯⋯⋯⋯ 172

- 塔羅牌術語集錦 ················ 174
- 塔羅 Q & A ················ 176

5章 用各種疑難雜症實際演練

- 解牌小祕訣 ·· 178
- 挑戰練習範例 ··· 180
- 煩惱1 我下輩子還能再見到寶貝愛犬嗎？ ··········· 184
- 煩惱2 我一直存不了錢，該怎麼辦才好？ ··········· 185
- 煩惱3 我未來有機會結婚嗎？ ·························· 186
- 煩惱4 經歷離婚後一直走不出來，
　　　　想知道能不能遇到好對象再婚？ ············· 187
- 煩惱5 我從小就不擅長融入人群，交得到朋友嗎？ ··· 188
- 煩惱6 我可以安享晚年嗎？
　　　　想知道晚年生活是什麼樣子。 ··············· 189
- 煩惱7 我很擔心小孩不用功，該怎麼做比較好？ ····· 190
- 煩惱8 想知道交往對象對結婚是怎麼想的？ ········· 191
- 提升解牌技巧的訣竅 ···································· 192
- 塔羅 Q & A ·· 194

附錄 塔羅牌關鍵字一覽表

- 大阿爾克納 關鍵字一覽表 ···························· 196
- 大阿爾克納 幸運物＆開運行動一覽表 ··············· 202
- 小阿爾克納 關鍵字一覽表 ···························· 204

塔羅牌解析的使用說明

本書將在第1章和第3章 分別針對大阿爾克納及小阿爾克納進行解析。

大阿爾克納

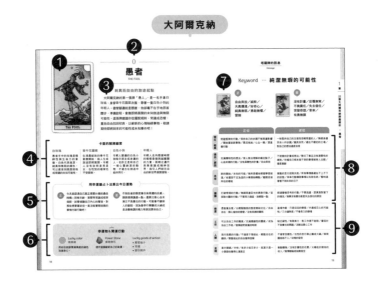

小阿爾克納

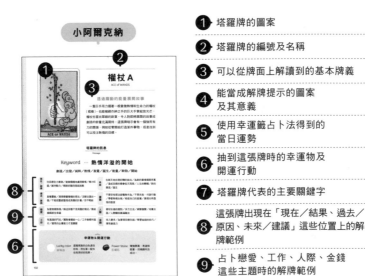

---

1 塔羅牌的圖案

2 塔羅牌的編號及名稱

3 可以從牌面上解讀到的基本牌義

4 能當成解牌提示的圖案 及其意義

5 使用幸運籤占卜法得到的 當日運勢

6 抽到這張牌時的幸運物及 開運行動

7 塔羅牌代表的主要關鍵字

8 這張牌出現在「現在／結果、過去／ 原因、未來／建議」這些位置上的解 牌範例

9 占卜戀愛、工作、人際、金錢 這些主題時的解牌範例

第1章

22張大阿爾克納
牌義解析

力量較為強大的牌是大阿爾克納。
一起來看看這些牌的圖案是什麼樣子、
有哪些主題吧！

大阿爾克納的基本介紹

懸空倒掛的男子、情話綿綿的愛侶，
這些都屬於代表塔羅牌的22張大阿爾克納。
每張牌畫著特色鮮明又充滿神祕的圖案，
且各具有不同的含義。

飽含象徵和訊息，塔羅牌的基本介紹

所謂的大阿爾克納，指的是在總共78張塔羅牌當中，意義尤其重要，編號從0～21的22張牌。應該有很多人只要一聽到「塔羅牌」，腦中就會浮現這22張牌的圖案吧？

牌面上畫著人物、建築、動物、自然現象等等，用來表示各式各樣的寓意或象徵。或者，也可以把這些牌當成一篇故事來看：在0誕生的「愚者」，其純潔無垢的靈魂找到真愛，

在10轉動著「命運之輪」成長茁壯，在21的「世界」圓滿結束。塔羅牌並非只有專家或占卜師才能解讀的特殊工具，而是以圖像為我們的人生或日常生活大小事進行解釋、指點迷津的諮商師。

掌握22張牌的牌義固然重要，但也不必從一開始就想全部背起來。仔細觀察牌面上的人物和風景，透過聯想的方式來記住吧！

Start	0	1	2	3	4
	愚者	魔術師	女祭司	女皇	皇帝

Goal	21	20	19	18	17
	世界	審判	太陽	月亮	星星

因位置正反而異的牌義

　　牌的圖案在正確的方向稱為「正位」，顛倒過來則稱「逆位」。大阿爾克納可以用羅馬數字的位置辨別：數字在上面是正位、在下面則是逆位。

　　出現正位便直接以牌代表的意思進行解釋；假如出現逆位的話，則想成是將牌義放大、扭曲或強調負面意涵。由於小阿爾克納的解讀較為困難，解釋也不盡相同，因此本書雖然也會解讀大阿爾克納的逆位涵義，但在小阿爾克納的部分只會採用正位來解牌。

正位

直接、正面地顯示牌的特質以及涵義。

逆位

倒著出現會削弱牌的特質，加強負面意涵。

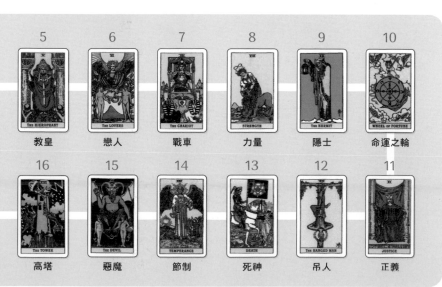

5	6	7	8	9	10
教皇	戀人	戰車	力量	隱士	命運之輪

16	15	14	13	12	11
高塔	惡魔	節制	死神	吊人	正義

0

愚者
THE FOOL

純真而自由的旅途起點

大阿爾克納的第一張牌「愚人」，是一名手拿白玫瑰、身穿牽牛花圖案衣服、帶著一隻白色小狗的年輕人。儘管腳邊就是懸崖，他卻毫不在乎地昂首闊步，準備啟程。象徵即將展開的未知旅途與無限可能性。這張牌建議你從擺脫規則、常識或恐懼，重拾自由找回初衷，以嶄新的心情檢視事物。敬請期待即將到來的可能性或未知事件吧！

卡面的解牌線索

白玫瑰

愚者手中的玫瑰是精神性與生命力的象徵。白色代表高潔、純真和無瑕的顏色。可以感受到跳脫桎梏或常識的未知可能性。

牽牛花圖案

在清晨綻放的牽牛花象徵開始，指人生或旅途即將展開。年輕人沒有註明是男是女，在性別的框架也不受限制。

白色小狗

年輕人腳邊的白色小狗暗示朋友或身邊的人。也許正是和自己一樣心靈純潔的動物，才適合在旅途中結伴同行。

年輕人

年輕人走向懸崖峭壁的模樣象徵跨越難關的力量。面朝左邊代表無意識或精神世界，指引人們前往自由的新世界展開冒險。

用幸運籤占卜法算出今日運勢

正 今天是認清自己真正想要什麼的最佳時機。別被年齡、資歷等常識或框架侷限，試著傾聽自己內心的聲音。對那些想要嘗試但一直沒能實際挑戰的事情付諸行動吧！

逆 不知反省的態度會引來周遭的反感，請表現得謙虛一點。還要注意心血來潮又不負責任的行動。可能會不顧旁人的勸阻，因為魯莽行事釀成大禍或是浪費無謂的精力等原因累到自己。

幸運物＆開運行動

 Lucky color
蘋果綠

用好似新鮮青蘋果般的綠色洗滌身心。

 Power Stone
貴橄欖石

提升發掘嶄新自己的能量。

Lucky goods & action
- 葡萄柚汁
- 耳機
- 銀行開戶

Keyword >>> **純潔無瑕的可能性**

 正

自由奔放／純粹／
天真爛漫／好奇心／
純真無邪／勇敢無懼／
冒險

 逆

沒有計畫／反覆無常／
不負責任／失去信任／
突發奇想／草率／
有勇無謀

	正位	逆位
現在／結果	突破框架的行動／保持自己的步調不被周遭影響／開始嘗試新事物／無法預測／心念一轉／憑直覺行動	一味堅持自己的主張而忽略周遭的人／無視身邊其他人的步調／順其自然／處在不穩定的立場／對自己的想法過度自信
過去／原因	充滿獨特性的想法／旁人無法理解的瘋狂點子／心血來潮的行動／沒有具體性的計畫／自由奔放	不現實的計畫或想法／敷衍了事且沒有連貫性的應對／吹噓自己根本做不到的事情被旁人白眼／優柔寡斷
未來	新的開始／未知的可能／無所畏懼地朝著夢想前進／命運因不足為道的小事開始轉動／離開目前所在的環境	衝動的言行招致失敗／所有事情都處在不上不下的狀態／草率行動導致事情以失敗告終／暫時過著看不到未來的日子
建議	打破常規的行動／無視周遭目光的勇敢行動／宜採取人膽的行動／不要用力過猛，放輕鬆一點	經過審慎思考的行動／不要逃避、認真面對當下的情況／做事沒有責任感是失去信任的原因
戀愛	憑直覺去愛／以輕鬆隨意的態度開始交往／自由自在、開心愉快的戀愛／沒有束縛的關係	逢場作戲、只是玩玩的戀愛／外遇或花心的可能性／三分鐘熱度／不會長久的戀情
工作	可以自由工作的職業／充滿獨創性的靈感／成為自由工作者／發揮超常直覺的時期	缺乏耐性／有氣無力，對工作提不起勁／肇因於不負責任的問題／沒辦法專心工作
人際	我行我素的行動／不過度干預彼此／輕鬆自在的關係／尊重彼此的自由獲得信賴	不會察言觀色／任性的言行舉止釀成大禍／與周圍格格不入／幼稚的發言
金錢	意外開銷／外快／有多少就花多少，就算只是一小筆錢也覺得心滿意足	衝動購物／沒有計畫性的花費／大幅低於期待的收入／賭博賭輸或抽獎落空

THE MAGICIAN

I
魔術師
THE MAGICIAN

藉智慧與技術創造新事物

　　年輕氣盛、自信洋溢的魔術師擺出一副準備用桌上四種工具開始做些什麼、親手創造什麼的姿勢。他將右手的魔杖高舉向天，低垂的手指指向地面，強調自己存在於天地之間。腳邊則開滿了百合和玫瑰。這張牌象徵用正確知識與高超技術進行創作。會出現在通知你萬事具備，現在正是時候展開行動的時機。

卡面的解牌線索

四種工具

桌上的權杖（火）、聖杯（水）、寶劍（風）和錢幣（土）是建構世界的四大元素，充滿有什麼事情即將發生的預感。

姿勢

右手指天、左手指地的姿勢代表將天上的魔力導向地面，以魔術師為媒介，發揮才能與可能性。

右手的魔杖

魔杖暗示會增強並自由自在地操縱力量。手杖和棍棒既是工具、也是武器。代表創造新事物需要智慧和能力。

百合和玫瑰

百合的白色象徵高潔與知性，玫瑰的紅色象徵熱情、能量及欲望。代表魔術師整合兩者，開始做些什麼的創造性。

用幸運籤占卜法算出今日運勢

正 自己主動積極採取行動就會得到令人滿意的結果。出現這張牌是「萬事具備」的徵兆。就想成是塔羅牌在推你一把，為暫時擱置或準備已久的事情揭開序幕吧！

逆 今天不要逞強，把時間用來安靜地蒐集情報或進行準備吧！可能會因為想法反反覆覆或不小心說錯話而喪失自信。在戀愛及工作上都積極不起來，要小心別被旁人的意見牽著鼻子走。

幸運物＆開運行動

 Lucky color
芥末黃

光是配戴在身上就能擁有好心情、充滿行動力。

 Power Stone
土耳其石

提升溝通能力，改善人際關係。

Lucky goods & action
- 手工飯糰
- 後背包
- 好好吃早餐

塔羅牌的訊息
Message

Keyword >>> 新的開始

正
知識／行動／靈光乍現／
注意力／創造力／
綻放才能／溝通能力

逆
優柔寡斷／笨拙／
懦弱／精力不足／
凡事靠別人／欠缺靈感

	正位	逆位
現在／結果	萬事具備，隨時可以開始／精通處世之道／好的開始／機會來臨／必須卯足全力去做	講話顛三倒四／各方面都不夠完善／因為失言失去信賴／得不到周圍的贊同／應該停下腳步重新思考
過去／原因	進行準備的時期／培養足夠的能力和技術蓄勢待發／學會一項新技能並登峰造極／光說不練／沒來由的自信／缺乏解釋	準備不夠／能力不足／焦頭爛額／所有東西都沒有有效發揮功能／發生令人喪失信心的事／還有其他方法
未來	創造新事物／在多種面向發揮才能／新的進展／源源不絕的點子或靈感／率先採取行動	剛開始聲勢浩大，隨後立即失控／進展不順／即使進行新的嘗試，最後都只能做到半吊子／束手無策的狀態
建議	不怕站在前面帶領眾人／說服他人並獲得認同／不是只有嘴上說說，而是確實付諸行動／擁有自信／搶先所有人踏出第一步	應該嘗試別的作法／擁有堅定的意志／不要半途而廢／在放棄之前竭盡所能地掙扎／不要害怕與人來往／制定預測未來發展的計畫
戀愛	戀情會如同自己想要的樣子發展／各種不同類型的人都為你傾心／宜積極展開攻勢	遭到欺騙／看不見對方的真心／被對方利用來圖利自己的戀情／需要很大的努力及忍耐
戀愛	新的進展／可以盡情發揮所長／積極參與／工作按照計畫進行	低潮／實力不足／習以為常導致疏忽大意／沒有落實「報告、聯絡、商量」／考慮跳槽／草率開始
人際	遇到意氣相投的人／無話不談的摯友／增加親密度／有可能被挖角	令人不悅的應對／被自己信任的人欺騙／互相利用的關係／覺得自己不擅長與對方打交道
金錢	外快／能夠有計畫的儲蓄／收支平衡有所改善／便宜買到想要的東西	原本期待的收入變成一場空／沒有預料到的鉅額開銷／毫無計畫性的花錢方式／遇到詐騙或遭竊

II
女祭司
THE HIGH PRIESTESS

相信內心的聲音和直覺採取行動

女祭司披著頭紗，端坐在**掛毯**前方。戴在頭上的配飾是**月亮**造型，胸前掛著**十字架**，手裡則抱著《舊約聖經》的法典「TORA」。在相反的**兩根柱子**中間抱著典籍、凝視正前方的姿態象徵知性、聰慧、分析能力、清廉以及理性。傾聽內心的聲音，找出至今為止默默隱忍或視而不見的事物吧！有很強的靈性，因此也是重新審視自己的時機。

卡面的解牌線索

掛毯

掛毯上畫著象徵雄性的棕櫚以及象徵雌性的石榴，代表唯有獲得充足的知識或睿智之人才能看見未來的世界。

月亮

頭上的滿月和新月造型冠冕是模仿埃及女神伊西斯（Isis）的頭飾。腳邊的一抹彎月象徵不停變化流轉的自然規律及神祕性。

十字架

胸前的十字架象徵女祭司擔任神職，同時是靈魂性與精神性的存在。四邊等長、達到平衡的形狀代表完美象徵。

兩根柱子

這是真實存在於所羅門聖殿的兩根柱子，意思是「BOAZ」（黑暗）與「JACHIN」（光明）。代表兩件相反的事物相互調和、取得平衡。

用幸運籤占卜法算出今日運勢

 今天的你思緒清晰，具備很高的判斷力和表現力。之前一直覺得很煩或停滯不前的事可能會突然想到解決辦法。對於工作上遇到的問題或來自朋友的諮詢也都能給予冷靜而切中核心的建議。

 莫名感到孤單，進入悲觀模式。覺得旁人做事都慢半拍、唯獨自己不被他人理解，與身邊的人拉開距離。在面對平常可以冷靜處理的事情也很容易情緒失控。隔絕外界的聲音，專注在自己身上吧！

幸運物＆開運行動

 Lucky color
紫色

有安撫情緒的效果，幫助我們沉澱心靈。

 Power Stone
紫水晶

擁有冷靜的判斷力與直覺的感應力。

Lucky goods & action
- 豆類料理
- 絲巾
- 喝個下午茶休息一下

塔羅牌的訊息
Message

Keyword >>> 壓倒性的知性

正

直覺／聰明絕頂／學問／
神祕／被動的／
辨明是非對錯

逆

冷淡／充滿批判性／封閉的／
視野狹隘／無瑕顧及其他／
完美主義／違反規定

	正位	逆位
現在／結果	以真誠的態度對待他人／朝著夢想或目標努力奮鬥的時候／仔細而周到的考量帶來好結果／應該趁現在學點什麼	想法極端導致與周遭格格不入／太斤斤計較／緊張兮兮，壓力山大／和他人有一段距離／看不到未來，茫然不知所措
過去／原因	靜下心來面對問題／認真考慮／過度追求正確答案／太過冷淡的應對／令人不敢靠近的氣氛	因為神經質的言行舉止破壞氣氛／不知變通／一下子就情緒失控，變得歇斯底里／排他且封閉的態度／隱藏缺乏經驗的事實
未來	能夠憑直覺做出正確判斷／浮現重要的靈感／看見目標／在意外的時間點收到未來的啟示	發生令人失去冷靜、手足無措的事／採取批判性的態度導致自己被周遭孤立／累積壓力／自顧不暇，開始攻擊身邊的人
建議	保持理性，不輸給誘惑／重要的是從基礎學起／別向他人徵求建議，答案就在自己心中／要重視直覺或第一印象	紓壓／控制情緒／也要包容缺點／不要忘記自制心／仔細斟酌收到的訊息／在攻擊旁人之前先深呼吸
戀愛	柏拉圖式戀愛／低調內斂／缺乏積極性／關係遲遲沒有進展／深藏心中的心意	過度追求理想而忽略現實／神經兮兮，不能原諒任何一絲缺點／經常發生誤解或誤會
工作	在一件事情上追求極致／勤奮的態度／考取證照、從事研究等專業性質的工作／全心投入工作	準備得不夠充分／注意力渙散，不能專心工作／缺乏彈性／陷入低潮
人際	重質不重量／適當保持距離／冷靜、沉著且成熟的相處方式／總是表現出成熟的態度	因為異常激動的態度遭到孤立／反覆出現充滿攻擊性的言行／內心無暇顧及其他／缺乏協調性
金錢	取得收支平衡／腳踏實地的花費與有計畫的儲蓄／既不當小氣鬼，也不會揮霍浪費	對金錢有很強烈的執著，給人貪得無厭的印象／過度吝嗇／縮減不必縮減的開銷

女皇
THE EMPRESS

擁抱自然和宇宙豐沛的愛

坐在正中間那張華麗椅子上休息的，是頭戴星星頭冠、右手高舉權杖、身穿長袍的女皇。周圍是一片正值收割期的金色麥田以及河川等富饒自然風景。她將自然的恩惠、愛情以及女皇這至高無上的大位都收入囊中，在精神與經濟上都處於無比滿足的狀態。這張牌代表至今為止的努力和付出會結出果實，得到相應的結果或幸福。

卡面的解牌線索

長袍和椅子

女皇穿在身上的華美長袍和座椅是富足、繁榮及穩定的象徵。代表對現狀或目前的自己非常滿意且全盤接受。

星星頭冠

12顆星星指的是十二星座，代表女皇是包含宇宙在內的世界之母。女皇敞開雙臂，將自然界和宇宙納入她宏大的胸襟。

權杖

女皇右手高舉的權杖是代表權威和驕傲的皇室象徵。球體即是地球，可以解釋成女皇的愛與慈悲圍繞著這個世界。

富饒自然風景

有些解釋認為女皇懷有身孕。就像大地孕育植物，暗示人類的生命也來自大地的饋贈和灌溉，屬於自然週期的一環。

用幸運籤占卜法算出今日運勢

正 待人的態度變得溫和，甚至可以原諒對方的失誤。然而真正的溫柔也伴隨嚴厲。記得不要一味慣著對方，而是要提供為他著想的建議。會有愈來愈多人崇拜你那份正直無私的溫柔。

逆 今天請把任性的自己封印起來，用謙虛的態度來度過吧！你可能會把工作、朋友和戀人的存在視為「理所當然」。霸道蠻橫的態度會讓重要的人離你遠去，還請多加留意。

幸運物＆開運行動

Lucky color
嫩粉色
對人萌生出愛與關懷，內心自然而然地平靜下來。

Power Stone
菱錳礦
激發出藏於內心深處的火辣魅力，提升愛情運。

Lucky goods & action
- 香草料理
- 芳香精油
- 親自下廚

塔羅牌的訊息
Message

Keyword >>> 充實的滿足感

 正

母性／富足／
懷孕／繁榮／
創意十足／更新

 逆

傲慢／怠惰／
貪婪／享樂主義／
情緒不穩定／束縛
過度保護／嫉妒

	正位	逆位
現在／結果	充分獲得滿足、心情舒坦的情況／在物質和精神上都游刃有餘／充實的每一天／能夠溫柔待人／可以保持最自然的狀態／充滿魅力	正在依賴某個人對你的好／容易隨波逐流，每天都過得很隨便／飽和狀態／渾渾噩噩、不知收斂的情況／虛度光陰
過去／原因	以穩重大方的態度被所有人喜愛／可以對人好而不求回報／愛情或善意遭到利用／魅力或才能引發問題	沒有自制力，贏不了誘惑／「生命會自己找到出路」這種完全不打算靠自己做點什麼的態度／一次又一次地不停浪費／沒辦法見好就收
未來	取得滿意的結果／現在的努力會得到收穫／魅力飆升，迎接桃花期／和身邊的人建立良好的關係／原本擔心的事情也可以安然度過	事情不按照計畫進行／意外懷孕／魅力降低／所有人都不喜歡你／因為八面玲瓏失去信用／被人小看
建議	不管對方是誰都要溫柔以待／應該要常把愛說出來／內心保持從容，以輕鬆的態度面對／重點在於互相幫助／原諒對方的勇氣	現在應該要避免做決定，先觀察情況／與其努力留下好印象，不如真誠待人／安分守己的生活／休息／討厭的事情要果斷拒絕
戀愛	從戀愛變成真愛／兩情相悅／充滿愛情、充實美滿關係／用關懷孕育愛情／懷孕或生產	享樂主義／婚外情／失戀／一廂情願又自以為是的愛情／強化精神上的連結才是最重要的
工作	至今累積的種種會得到認可／變得更有動力／與期待相符的結果	即使努力也沒有成果／無法保持專注／想得太簡單／現在先不要勉強，而是要謹慎行事
人際	互相體諒的關係／發揮美感／對彼此都有所助益／和睦的氣氛	為人八面玲瓏引發糾紛／時間觀念鬆散的人／毫無進展的關係／任性使別人對你的印象大打折扣
金錢	在投資或理財技巧取得成功／慢慢存錢，達成目標／平衡運用直覺和資訊／內心的從容	因為愛慕虛榮破財／預料之外的花費／玩股票或投資失敗／沒有達到原本預期的金額

皇帝
THE EMPEROR

跨越難關的領導才能

皇帝穿著紅色長袍、手持權杖，用充滿威嚴的表情坐在有公羊裝飾的石頭王座上。象徵憑藉強大意志力和決斷力達成目標的熱情和權力。登上皇位需要冷靜判斷、充足準備，偶爾可能也會做出看似無情的決定。皇帝也是父性的象徵。或許是時候重新審視自己與扮演父親角色之人的關係了。假如你自己就是父親，則是在提醒你不要擺出高壓的態度。

卡面的解牌線索

紅色長袍

紅色是熱情和鮮血的象徵。他在紅色的長袍下還穿著莊嚴肅穆的鎧甲，代表一旦爆發戰事，他就會立刻御駕親征的勇敢無畏。

權杖

皇帝手中的權杖頂端有一個圓環，這是源自埃及的安卡十字架（Ankh）。象徵生命及多產，指不分男女都要為了他人勤奮工作。

公羊裝飾

掌管牡羊座的火星象徵著熱情和能量。而且牡羊座是十二星座的第一個星座，代表領導才能、野心和執行力。

王座

皇帝坐的是一張用堅硬岩石打造的王座。以直線構成、感受不到絲毫柔軟度的王座代表必須面對的現實與物質性的思維。

用幸運籤占卜法算出今日運勢

 要是被點名負責新專案或帶領團隊的話就欣然接受吧！這並非偶然，而是過去的努力與平時的勤奮所造就的成果。只要不放過難得的機會，以勇往直前的心態積極投入，就一定會造就超乎想像的成果。

 小心對自己的能力過度自信的舉動會給人霸道強硬又自我膨脹的印象。另外，假如身邊有總是喜歡單打獨鬥、不接受他人意見，可能就要小心意外遭受無妄之災。一旦察覺危險就要拉開距離。保護自己也是很重要的。

幸運物 & 開運行動

 Lucky color
酒紅色

富有深度的顏色會提高信賴度，使熱情和能量變得更強。

 Power Stone
藍寶石

具備強韌的意志，在工作運以及人脈的建立上給予支持！

Lucky goods & action

- 抹茶口味的甜點
- 手錶
- 清理鞋子上的髒汙

塔羅牌的訊息
Message

Keyword >>> 強而有力的執行者

正
地位／權力／自信／
安定／現實的／忍耐／
責任感很強／包容力

逆
獨斷獨行／過度自信／
強硬／蠻橫／職權騷擾／
傲慢／與男性發生爭執

	正位	逆位
現在／結果	發揮領導才能，帶領眾人取得成功／努力開花結果／極具責任感／實力獲得讚賞／自己爭取想要的東西	實力不足導致失敗／殘酷的現實擋住了去路／努力無法持之以恆／時好時壞的運氣／失去目標，漫無目的地徘徊／反覆做出強硬的舉動
過去／原因	對目標燃起鬥志／充滿自信／過於理直氣壯／沒有漏洞／已經達到完美、沒有進步空間的狀態／把所有責任攬到自己身上	任性妄為／獨裁／聽不進別人的意見／設定不可能的目標並強制執行／缺乏冷靜／缺乏對周遭的關心／沒有勇氣
未來	取得巨大的成功／達成目標／坐上需要承擔責任的位置／被他人另眼相看／充滿野心／在精神上有喘息的空間	意外的突發事件／做什麼都適得其反，以失敗收場／燃燒不完全／被人點出實力不夠／沒有多餘的心力／失去地位
建議	總是擺出落落大方的態度／積極去做任何事情／重要的事當機立斷／時而採取大膽的行動／不畏艱難／持之以恆方能成功	仔細傾聽周遭的意見／講話不要太直接／保留時間冷靜思考要如何達成目標／穩定精神狀態／關懷周遭
戀愛	積極向對方傳達的心意／安排以自己為主的約會行程／戰勝情敵	蠻橫不講理的態度／強迫對方接受自私又單方面的愛／無聊且令人窒息的關係
工作	達成高水準的目標／成績或業績蒸蒸日上／隨心所欲地發揮實力／自行創業	霸道的態度讓周遭的人不願跟隨／提出不合理要求的上司／解雇／過勞累垮
人際	靠強大的意志與行動力取得周遭的信賴／成為領導者／能夠互相切磋、一起進步的關係	高壓的態度／被身邊的人疏遠／造成反感／頑固／沒有人要跟隨你
金錢	升遷加薪／投資成功／強大的財運／即使價格昂貴也要選擇品質優良的物品	錯失難得的機會／收入減少／難以判斷要進還是要退／隨時都需要謹慎地做出判斷

THE HIEROPHANT

教皇
THE HIEROPHANT

飽含深厚愛情的精神寄託

　　教皇戴著只有這個身分才能配戴的三層頭冠，手執三重十字權杖，為兩位祭司施予祝福。腳邊有金、銀兩把鑰匙。相較於統治現實世界的「皇帝」，教皇凌駕於精神世界，是慈愛、道德心以及規範的象徵。不容許任何不正之舉或卑鄙行徑，站在揭發他們的那一邊。也代表現在正是向信任的人尋求依靠或意見，與他人分享擔憂或煩惱的時機。

卡面的解牌線索

頭冠及十字權杖

三層頭冠和十字權杖是唯有地位最崇高的教皇才能使用的配件。「3」在基督教代表聖父、聖子、聖靈的三位一體。

兩位祭司

左邊的人身上穿的衣服是象徵熱情與能量的紅玫瑰，右邊的人則是象徵純潔的白百合。暗示事情有表裡兩面。

祝福的手勢

教皇右手比出的是祝福的手勢。他站在跪在自己腳邊的祭司們中間，講述帶領他們走向正途的道理。

鑰匙

交叉的鑰匙是用來開啟神聖場所大門的重要工具，只有神職人員才能使用。也顯示出教皇是地位最高的祭司。

用幸運籤占卜法算出今日運勢

 正
可能會出現願意幫忙的協助者或值得信賴的諮商師。及早商量擔心或煩惱的事情不只可以獲得精準的建議，還能與周遭建立良好的關係。擁有的視野愈開闊，就愈容易將好消息收入眼底，即時獲得幫助。

 逆
有可能會失去至今為止締造的事物。也要擔心會鬼迷心竅做出缺德的行為，或態度不誠實害對方不知所措。只是貪圖一時的快樂並不能獲得安寧。小心不要回過神來才發現，自己已經是孤伶伶的一個人了。

幸運物 & 開運行動

 Lucky color
朱紅色

給人開朗的印象，提升社交能力及人脈。

 Power Stone
翡翠

帶來使努力開花結果、達成目標的能量。

Lucky goods & action
- 有根莖類蔬菜的湯
- 大象造型的商品
- 到處參拜神社寺廟

Keyword >>> 慈悲的領導者

 正

傳統／團結／道德／
誠實／援助／
心胸寬大／
來自年長者的幫助

 逆

反抗的態度／
突破框架／冷酷無情／
視野狹隘／冷漠／
濫用他人的信任

	正位	逆位
現在／結果	誠實有禮的態度／維持良好秩序、和平沒有紛爭的狀態／良好的信賴關係／累積信任和成果／可以信賴的人所提供的建議	一次次地多管閒事／無可奈何的情況／價值觀不同造成的認知差異／失去信任／對過去的自己失去信心
過去／原因	身邊的人對你信賴有加／盲目尊崇某件事物／害怕與人發生衝突／依存關係／受到常識的限制	囉唆／過度保護／懷疑對方／違規或失禮的行為／偽善的態度／無法接受價值觀不同的人／不知變通
未來	深受他人信任／能夠順利克服巨大的課題／會出現真心待你的人／所有事情都會進行得非常順利／成就獲得肯定	不信任對方／喪失良知，走上歧途／美人計／自尊心太高，沒辦法和周遭打成一片／被身邊的人敬而遠之
建議	進退得宜的態度／尊重習俗或慣例／貫徹信念／獲得對方的信賴／幫助別人／對待親近的人最好也要保持禮貌	試著對原本堅信的事物提出質疑／不要相信「好康」的事／稍微給對方一點方便／抱著偽善態度會被對方一眼看穿的想法採取行動／謙虛的態度
戀愛	從尊敬慢慢演變成愛意／經由他人介紹的美好邂逅／介紹相親／發展成結婚的戀情	不能對外公開的戀情／婚外情／得不到周圍的贊同／自暴自棄地選擇結婚／過度干涉
工作	可以信賴的人所提供的幫助／考取法律相關的專業證照／很能體諒屬下的上司／遵循傳統的工作	在工作參雜私情而失敗／自作主張的做事方式遭到孤立／不放棄自己的堅持，被其他人敬而遠之
人際	認識值得尊敬的老師／體貼的話語或行為／出現非常懂你的人／可以託付所有的關係	嘮叨的人／不過於依賴他人／因為雞婆被人討厭／過度寵溺
金錢	穩定踏實的投資／即使遭逢危機也會有人出手相救／比起眼前的利益，更尊重誠信和歷史	好心幫忙卻造成反效果／敗在想得太簡單／花錢不經大腦／沒有會幫助你的人／詐騙

VI

戀人
THE LOVERS

有深厚愛情加持應走的路

在畫面中間的是伊甸園的亞當和夏娃，上方則是敞開雙臂守護他們的天使拉斐爾。左右的兩棵樹、背景的紅色山峰以及一絲不掛的兩人代表純潔和解放感；他們的視線也暗示除了戀人，還會出現使自己投以熱情或愛情的對象。愛情不講道理，而是會不由自主地產生情緒反應。這張牌的訊息或許是「現在與其保持理性，倒不如順從自己的心意」。

卡面的解牌線索

天使	兩棵樹	紅色山峰	視線
治癒的天使拉斐爾（Raphael）正在守護並祝福兩人。祂會為經歷過痛苦或受傷的人進行治療，溫柔地擁抱他們。	右邊的是生命之樹，左邊的是引誘夏娃的蛇和智慧之樹。代表不輸給誘惑、做對的選擇才能維持平衡。	在有天使保護的樂園外面聳立著一座高山。暗示兩人選擇的道路或許會有困難或阻礙在等著他們。	男人注視著女人，女人仰望著天使。代表男人務實的思考模式，以及女人的精神性與感性，可以感受到關注焦點的差異。

用幸運籤占卜法算出今日運勢

正 不要用理性思考，根據心動與否來做出今天的選擇或決定吧！應該會發生很多令人開心的事，遇到把興趣變成工作的機會，只是和朋友單純吃個飯卻非常開心，或是能和心儀的異性說上幾句話。

逆 可能會因為隨便對待重要的人、以毫無誠意的態度傷人等原因而失去周圍的信任。還會覺得平常根本不當一回事的玩笑話或邀約，在今天聽起來特別順耳。請理性以對。

幸運物 & 開運行動

 Lucky color
洋紅色
這是象徵愛情的顏色。會彰顯華麗動人的光彩和女人味。

 Power Stone
粉晶
提升愛情運的強大靠山。會激發持有者的魅力。

Lucky goods & action
- 義大利麵
- 蕾絲配件
- 護髮

塔羅牌的訊息
Message

Keyword >>> 令人心動的選項

正
小鹿亂撞／舒適自在／
兩情相悅／好奇心／
優先考慮心情／
直覺／幸福

逆
變心／不誠實／誘惑／
三心二意／不安／
沒有交集／不成熟

	正位	逆位
現在／結果	價值觀相近，自然而然互相吸引／快樂的時期／做自己也舒服自在的環境／必須做出重要抉擇的時刻／可以在玩樂時享受其中／沒有不安的感覺	優柔寡斷／決定不了事情／不管做什麼都一無所獲／隨意對待重要的事物／倦怠期／一成不變／意見沒有交集／精神渙散
過去／原因	直覺很準／腦中浮現正確的答案／過於缺乏戒心，令人擔憂／不考慮將來的事／無法實現的計畫／危機管理能力很低	對誘惑沒有抵抗力／被周圍的情況帶著走／意志薄弱／沒辦法選擇其中一邊／對所有事情都很隨便／看不見周遭
未來	愛上某個人／令人期待、具有發展性的未來／出現幫手的徵兆／加深認識，增加親密度／擔心的事情消失了	為不顧後果的行為感到後悔／注意力降低，犯下一連串的失誤／變心／被心懷不軌或奸詐狡猾的人盯上／遭人背叛
建議	不搞小動作，以最自然的模樣待人／重視自己忽然閃現的靈感／不要有所隱瞞／別在意他人的目光／享受當下正在發生的事／轉換心情也很重要	客觀審視自己／關注此時此刻的幸福／掌握分寸／透過對話來認識彼此／一旦下定決心就要貫徹到底／控制欲望
戀愛	新的戀情／心跳加速的戀愛／一見鍾情／彷彿像作夢般的戀愛／火熱的告白／適合彼此的關係	曖昧的關係／劈腿／只是玩玩的戀愛／產生不信任感／出現情敵／靠氣勢奮力一搏卻以失敗收場
工作	長期合作的客戶或工作／增加擅長的領域／可開心工作並集中精神的環境／轉職的機會	不能專心，頻頻失誤／不擅長的工作／換工作或轉換跑道失敗／遇不到好隊友
人際	高興的重逢／加深信賴或彼此的連結／即使環境改變也維持一樣的關係／重視互相協調的精神	遭到背叛／收到交情不好的人發出的邀請／價值觀或感受的分歧／有人對你擺出不配合的態度
金錢	興趣帶來收入／直覺完美命中，大賺一筆／能在投資時做出好的選擇／正確的判斷	選錯邊／買東西浪費錢／無法研擬計畫／敗給誘惑，悔不當初／玩股票或投資出現虧損

VII

戰車
THE CHARIOT

為了達成目的，唯有筆直前進

　　戴著頭冠的青年站在有篷蓋的戰車上，駕著兩隻黑白的人面獅身獸（Sphinx），英姿煥發地驅車前進。他將城堡和河流留在身後，有一股即使遇到難關也會長驅直入、突破萬難的氣勢。披在身上盔甲有月亮護肩，從他精悍的表情也能感覺到堅定不移往目標前進的氣概。「戰車」是達成目標、前進及光榮的象徵，同時也代表運籌帷幄的重要性。

卡面的解牌線索

有篷蓋的戰車	黑白的人面獅身獸	城堡和河流	月亮護肩
有星星圖案的戰車代表宇宙等地球以外的世界，暗示青年就連宇宙的能量也會化為己用，勇往直前。	人面獅身獸被視為陰與陽、理性與本能等兩個相反事物的象徵。牠們身上沒有韁繩，青年靠領導力和精神力來駕馭牠們。	青年的背後畫著城堡和河流，從中能感受到離鄉背井的堅強意志、再也不回家的覺悟以及「背水一戰」的決心。	青年盔甲的護肩是新月和人臉的形狀。左右兩張臉有不同表情，可以看出二元性以及青年的內心糾葛。

用幸運籤占卜法算出今日運勢

 今天是你的幸運日，想做的事情或工作都會有不可思議的進展。關鍵在於明白「挑戰是成功的唯一途徑」，凡事積極投入。用正向思考忽略外界的聲音。也能有效利用反對意見，做出適當的判斷。

 今天一整天最好都不要做出重大決定或妄下定論，這才是聰明的選擇。多餘的舉動可能會害自己捲入部下、朋友或家人等其他人的紛爭。動不動就發脾氣或是臨時想到的建議會陷入負面循環，造成反效果。

幸運物 & 開運行動

 Lucky color
苔蘚綠

增進想像力和注意力，提升讀書或工作的效率。

 Power Stone
坦桑石

使思緒變得清晰，看見前進的方向，找到解決問題的辦法。

Lucky goods & action
- 醃漬品或含醋的料理
- 運動鞋
- 觀賞現場演唱會

塔羅牌的訊息
Message

Keyword >>> 保持平衡，穩步向前

 正

實現目標／勇氣／
與努力相符的結果／
統御力／機會

 逆

衝動／暴走／
無法控制／衝突／
徒勞／浪費精力

	正位	逆位
現在／結果	衝勁十足的狀態／具備跨越阻礙的力量／在困境中燃起鬥志／充滿幹勁／事態好轉／與自己進行戰鬥的時刻	不顧後果就匆匆行事／堅信自己才是對的並失控暴走／因恐懼而卻步，為此感到後悔／只不過是稍微遇到一點不順就立刻失去動力
過去／原因	筆直地往前衝／進展太快／好戰的態度造成不必要的衝突／被迫做出巨大的改革／有絕對的信箱，相信自己不可能會輸	有勇無謀的計畫或願望／拖延重要的抉擇／沒有認真計畫好就開始行動／不顧周遭、只想到自己的態度／受到打擊而慌了手腳
未來	成功搭上浪潮／逆境成為自己的助力／達成目標／開拓新的領域／利用在這裡的經驗來鍛鍊自己／迅速的發展	多次衝動行為導致失敗／意見不合，發生激烈衝突／被迫處在艱難的立場／危險的賭注／不得不中斷某件事／吃下敗仗
建議	一旦開始就會一鼓作氣地做下去／一刻也不停歇地高速進行／相信自己，勇往直前／在背後暗自努力／擔任領導者	重新計畫／不要硬衝，暫時停下腳步，調整前進的方向／與其計較輸贏，不如預測未來的成功展開行動／設想未來發展的判斷／壓抑情緒
戀愛	戀情進展神速／宜積極示愛／戰勝情敵，快速與對方拉近距離／戰勝阻礙	總是錯過／被情敵搶先／畏畏縮縮導致錯失良機／互相傷害的關係
工作	以快速的行動抓住機會／對工作全力以赴／快速的判斷立下大功／效率提高	說了輕率的話釀成失敗／自我中心的態度／計畫受挫／站在岔路口／被對手超越
人際	掌握領導權／解決人際關係的難題／宜有話直說	因為個性不合的人備感壓力／被他人自我中心的態度牽著鼻子走／無法與團隊同心協力
金錢	設定具體的目標成功存到錢／在短時間內賺到大錢／事業迅速步上軌道，帶來龐大收益	破財／衝動購物／因為賭博或投資失敗損失慘重／需要小心謹慎、腳踏實地的態度

VIII

力量
THE STRENGTH

愛情與理解所造就的強悍

身穿白衣的年輕女性馴服了本應凶猛野蠻的獅子，使牠看起來就像是被馴養多年的寵物。女子頭上有代表無限的雙紐線，以鮮花編織而成的牽繩將他們繫在一起，一人一獅凝視著彼此。真正的力量不是靠蠻力或權力使對方屈服，而是用愛情、毅力、對話及誠意來理解對方的態度以及一顆溫柔的心。這張牌展現什麼才是真正的力量與強大。

卡面的解牌線索

獅子
紅色獅子代表埋藏於心中的炎熱情感、野性本能或自尊心。也可以解釋成一名熟練駕馭真心（獅子）的女子。

白衣
白衣代表她高尚的精神、純潔無瑕的心、正直與清廉的象徵。柔軟的皺褶則代表女性特質、包容力以及愛情。

雙紐線
女子頭上的8字形標誌是代表無限大的數學符號「雙紐線」，表示存在無限的可能性。

鮮花牽繩
鮮花牽繩將女子和獅子繫在一起。他們沒有被外力影響或受到強迫，在精神上緊密相連，這暗示內心的連結或真摯的情感。

用幸運籤占卜法算出今日運勢

 縱使遇到突發的事故或艱難的情況，你應該也能夠冷靜應對。該做什麼？要拜託誰？你無意間想到的「那個」就是答案。帶著溫柔、毅力與誠意並以真摯的態度處理就能打破現狀。

 要是做到一半就想中途放棄，就試著閉上眼睛、做幾次深呼吸吧！缺乏體力或壓力帶來的疲勞很容易讓人做出不經大腦、膚淺草率的行為，因此重要的是相信自己可以做好情緒管理，讓內心保持平靜。

幸運物＆開運行動

 Lucky color
栗色
偏紅的棕色代表在固執難纏之中還有一顆堅定的心。

 Power Stone
鋰雲母
擁有變革的能量，帶領我們走向通往希望的道路。

Lucky goods & action
- 燉牛肉
- 馬蹄造型的首飾
- 上健身房

塔羅牌的訊息
Message

Keyword >>> **以柔克剛的強大**

 正

努力／克服／
堅不可摧的情誼／
把危機變成轉機／
信賴關係／強大的意志

 逆

放棄／怠惰／逃跑／
邪念／意志薄弱／
實力不足／諂媚／偷懶

	正位	逆位
現在／結果	發揮毅力，一步步緩慢前進／耐著性子守護培養，使之成長茁壯／緊要關頭／需要做出謹慎且明智的行動／能夠和敵人和好的機會	情緒不穩定／運勢變差／放棄得很快／不得不放棄什麼／還不夠努力／敷衍了事的心態／一下子就失去動力
過去／原因	鼓起勇氣面對／進行高難度的挑戰／主動承擔辛勞／用錯力道／壓力的累積／比想像的更棘手	在完全沒意識到自己實力不足的情況下制定計畫／輸給自己的懦弱／身體和心靈都缺乏能量／想利用對方的心思遭到識破
未來	可以用強大的精神力取得的成果／平安度過緊張的情況／努力會有回報／夥伴會伸出援手／克服缺點或弱點	計畫進行到一半就結束了／輸給自己的懦弱／熱度冷卻／在鬆懈的那一刻犯錯／裝熟的態度會適得其反
建議	不管有多痛苦都不要就此放棄／陪伴在對方身邊／摒棄邪念或不良企圖全心投入／仔細做好沙盤推演／危機就是轉機	不再逞強，依靠別人／說話要溫柔和善／相信自己，鼓起勇氣／為了不要後悔而使出全力／萬一熱情冷卻了就放棄吧
戀愛	以堅定情感維繫在一起的關係／發展成一場刻苦銘心的戀愛／堅持下去才會實現的戀情	進度緩慢／強勢出擊卻以失敗告終／錯過／不能做出正確的判斷／無法相信自己
工作	抱著強大的信念面對工作／使命必達／穩紮穩打地累積實力／不斷努力	欲速則不達／因為缺乏毅力而沒能成功／令人喪失自信的經歷／不能在關鍵時刻發揮實力
人際	加深信賴／同心協力／花時間培養關係／不惜為同伴投身險境	忍不住在意周圍的目光／沒有自信／自我中心又自以為是／沒辦法合作
金錢	靠零存整付定儲或定期存款成功獲利／停止浪費錢／「吃虧就是占便宜」的精神最終會帶來收穫	動用到私房錢或財產／不在規劃之內的花費／節省毫無成效／變得不在乎小錢大肆揮霍

 IX

隱士
THE HERMIT

為了與未知自己相遇的精神之旅

　　老人用斗篷包裹全身，在冰山的山頂上拄著一枝拐杖，高舉一盞提燈。為了探究真理，他刻意與遠離塵世，選擇一種超然物外的生活方式。「隱士」這張牌代表現在正是時候好好面對自己、傾聽內在的聲音。即使暫時停止與人交流或蒐集情報，你也不必為此感到孤單寂寞。累積在心中的智慧、經驗和靈感將會為你指引方向。

卡面的解牌線索

斗篷	冰山的山頂	拐杖和提燈	老人
用厚重的斗篷隔絕外界，保護一方清幽淨土，藉此守住自己得到的智慧和領悟。代表整個人沉浸在精神世界。	站在冰山山頂上的賢者擁有高尚的精神，似乎已經到了頓悟的境界。也表示一路走來的過程有多麼凶險。	拐杖代表強韌的意志與累積的知識。右手提燈裡的是帶領人們邁向真理的六芒星光，像是在高舉著給迷途羔羊的路標。	蓄著一把白鬍子的老人代表在反覆深思熟慮後看透本質，在精神上有所成長。也有警告人不要頑固偏執的意思。

用幸運籤占卜法算出今日運勢

 試著按照自己的想法行動吧！不要配合別人，去自己從以前就想去的地方、看想看的電影、讀想讀的書，拒絕他人的邀請或離開熱鬧的地方，安靜地度過，說不定會有意外的發現。

 今天的重點在於保持樂觀的心情。即使走進人群仍然會有孤獨或不被理解的感覺，無法對周圍敞開心胸，很容易變得更固執己見。凡事不要想得太認真才是上策。

幸運物&開運行動

 Lucky color
鈷藍色

清澈的深藍色。適合想看清事物本質謹慎前進的時候。

 Power Stone
葡萄石

有看見真相、拆穿他人的謊言或偽裝的力量。

Lucky goods & action
- 蝦料理
- 蠟燭
- 獨自旅行

塔羅牌的訊息
Message

Keyword >>> **深入而沉靜的思考**

正

考慮周全／超然物外／
探究心／深思熟慮／
面對自己／注視內在

逆

頑固／偏執／堅持／
緊閉心扉／封閉的／
孤立／疑神疑鬼

	正位	逆位
現在／結果	不停思考直到可以釋懷為止／維持現狀的運勢／在孤獨的環境之中獲得精神上的成長／減少與他人的交流／整理自己的思緒	躲在自己的保護殼裡／面對過去的自己／沉浸在回憶裡／過度解讀／在小事情上鑽牛角尖，害事情沒有進展／與世隔絕
過去／原因	追求並研究心理／很有自己的堅持／沒有徹底發揮知識或經驗／拒人於千里之外的氣氛／方向不同／想太多	觀念錯誤／在沒有解開誤會的情況下進行下去／沉醉在自己的世界裡／過度美化自己喜歡的事物／逃避現實／只會依樣畫葫蘆
未來	平靜的日子會持續下去／發現別人沒有發現的部分／找到進入下一個階段的契機／得知應該前進的方向／踏上尋找自我的旅途	沒辦法面對現實／錯過踏出保護殼的時機／不坦率／貶低自己／自以為是，導出錯誤的結論
建議	花時間去做／應該要穩穩地、淡淡地進行／珍惜自己的獨特觀點／答案就在自己心中／動手之前先動動腦	不求助於人，靠自己的力量往上爬／有時放棄也是必要的／從縱觀所有事情的觀點仔細思考／冷靜下來，重新考慮
戀愛	埋藏心中多年的暗戀／互相尊重的關係／柏拉圖式戀愛／宜表現出含蓄的態度	過度謹慎／存在於妄想中的戀情／過分干涉對方，讓氣氛變得一觸及發／心存懷疑
工作	做事時不打亂自己的步調／和專業或研究工作很有緣／想到好點子	剛愎自用，無視他人建議／因搞錯重點的言行舉止遭到孤立／錯誤的努力／無法掌握整體情況
人際	在精神上緊密相連的夥伴／尊重對方，增加信任感／和很久沒聯絡的友人重逢	聽到有人在背後說自己的壞話／總是在挑人毛病，被其他人敬而遠之／因為態度難搞被人孤立
金錢	偷偷存錢／得到想要的東西／減少浪費／隱瞞自己收到錢的事	儲蓄沒有增加／偷藏的私房錢被人發現／因小失大／因愛慕虛榮而破財

WHEEL OF FORTUNE

X
命 運 之 輪
WHEEL OF FORTUNE

時間永不停歇，分秒都在改變

　　有一個寫滿文字的**巨輪**飄浮在空中，由盤據在四個角落、翻開《聖經》福音書的**四聖獸**進行看守。在巨輪正上方的是人面獅身獸、左邊是往下的蛇、右邊是往上的狼，這三者是萬物之神。「命運之輪」象徵命運的流轉無關人的意志或想法、輪迴轉世以及盛衰枯榮。也顯示出無論日子是好是壞，時間都會不停的流逝，並受到一股巨大的力量保護。

卡面的解牌線索

巨輪上的文字	巨輪	四聖獸	三位神祇
可以讀成「TARO」（塔羅）、「TORA」（法典）或「ROTA」（拉丁文，車輪之意）。代表包含這整個世界。	正中間的巨輪代表永遠轉不停的命運、生命或時間。壞日子不會持續一輩子，而幸福或財富也總有一天會離我們而去。	獅子、人、老鷹和公牛是出現在《舊約聖經》的先知以西節（Ezekiel）夢裡的生物。象徵塑造世界的四大元素火、風、水、土。	牌面上畫著人面獅身獸、蛇形的賽特（Seth）及狼形的阿努比斯（Anubis）等埃及眾神。令人聯想到生死與復活，也有人解釋成輪迴轉世。

用幸運籤占卜法算出今日運勢

正 本來已經死心的願望忽然成真、停滯已久的事情出現進展，周遭的空氣可能會開始流動。只要看到一點這種徵兆就是大好機會！把握時機、果斷搭上這波浪潮吧！錯過今天就不知道什麼時候才會有下次了。

逆 今天可能會過得不太順利，不過不要因此氣餒。人生如此漫長，偶爾也會遇到這種時候。就算看不懂氣氛、說了不合時宜的話，或是因為誤解別人的意思造成困擾，都還是先專心做好現在該做的事吧！

幸運物＆開運行動

 Lucky color
碧綠色
這是代表開始與重生的顏色。安定心神、調整身心。

 Power Stone
虹彩水晶
這種水晶會在遇到人生的轉機時，為好的趨勢推波助瀾。

Lucky goods & action
- 三明治
- 皮革錢包
- 登山或健行

塔羅牌的訊息
Message

Keyword >>> **轉機的到來**

  正

命運／幸運／變化／
充滿能量／良機／
展開／成功／機會來臨

  逆

停滯／惡化／
意外事故／錯過／
倒退／時機不對

	正位	逆位
現在／結果	事情慢慢往好的方向前進／獲得好機會或好運／偶然的好運連續發生好幾次／位於轉振點／直覺地知道正確答案	一樣的事不斷重複，毫無進展／一切都是白忙一場／情況不穩定，不曉得會發生什麼事／運勢驟然惡化／時機不對
過去／原因	對從天而降的好運有過度的期待／過於隨波逐流而疏於努力／反抗自然的發展／錯過時機	沒辦法找到答案／沒發現結果和預期的不一樣／想要把所有事情掌控在自己手裡／害怕改變／頻頻發生倒楣的事
未來	運氣到達鼎盛時期／一切都會非常順利／可以選出正確的答案／能發揮超越實力的能力／能夠更上一層樓	意外的發展讓情況變得很不利／做什麼都失敗／種種無從抵抗的不利條件／遇到不能避免的災難／錯失機會
建議	直覺想到的答案就是正確的／不要想個不停，而是要把握機會／應該要下定決心大膽前進／重視相信自己的心	不可掉以輕心／直到最後都應該保持緊張感／別過度悲觀／做自己現在能做到的最好／記得要冷靜應對
戀愛	命運的邂逅／最適合告白或求婚的時機／一見鍾情／從認識開始，感情就迅速發展	沒有好的邂逅／倦怠期／價值觀不合／分手／失戀／有很多障礙擋在前方
工作	有意想不到的機會落在自己身上／比付出的努力更好的結果／在臨場反應做出大膽的判斷／升遷	被交付不適合自己的工作／情況對自己不利／轉職或找工作不太順利
人際	充實的人際關係／團結合作以達成目標／斬斷因緣或孽緣／和憧憬的對象很有緣分	莫名處不來／與關係親密的人分離／不知不覺遭到孤立／花時間慢慢和好
金錢	出乎預料的龐大收入／直覺很準，可以判斷好時機／有額外的收入	財運時好時壞／收到錢的時間延遲／好幾筆不在計畫內的支出／沒有買到想要的商品／無法存錢

 XI

正義
JUSTICE

公正無私的崇高審判

　　右手握著**寶劍**、左手拿著**天秤的法律女神**正坐在**兩根柱子**中間。臉上自信洋溢的表情傳遞出為這個世界守護秩序的威嚴與驕傲。背後的掛毯後方是一片凡人無從知曉的正義與睿智世界。「正義」這張牌顯示聽從良心的指引、公正立下判斷的時刻到了。現在暫時把個人的情緒或主觀放在一邊，借助規範以及常識的力量吧！

卡面的解牌線索

兩根柱子

在「女祭司」和「教皇」的牌上也出現過的兩根柱子是善惡、陰陽等相對事物的象徵。代表理解雙方並做出公正無私的判斷。

寶劍與天秤

寶劍象徵智慧、力量及懲罰。天秤是平等、均衡的意思。代表即使身為法律女神，判斷善惡並給予處罰仍舊是一件難事。

法律女神

女神的原型是希臘神話中掌管法律的忒彌斯（Themis）或正義女神阿斯特蕾亞（Astraea）。象徵不被表象左右的公平公正。

掛毯

掛毯的另一邊或許存在另外一個世界。告訴我們那裡藏著沒有顯露在表面上的根本原因或無意識行為。

用幸運籤占卜法算出今日運勢

 今天不要用直覺或心情來判斷才是聰明的作法。若有人要求你做出某種選擇或決定，例如決定人選或給予評價的話，就蒐集可信的資料，公平且冷靜地做出評斷吧！請謹慎行事，以免後悔莫及。

 請你反省自己對朋友或戀人的態度。你覺得相處起來非常自在的人，心裡搞不好累積了許多不滿。假如對方很重要的話就更是如此。試著用言語來向對方一直以來的陪伴表達感謝吧！

幸運物＆開運行動

 Lucky color
藏青色

強化直覺和洞察力，蘊含可以深入探究事物的力量。

 Power Stone
光玉髓

具備冷靜而精準的判斷力，指引我們前往正確的方向。

Lucky goods & action
- 咖啡
- 眼鏡
- 投資或儲蓄

Keyword >>> **冷靜而公正的決斷**

 正

平衡／人際關係／
道德／判斷力／
小心謹慎／勇氣／平等

 逆

不公平／情緒化／
曖昧不明／公私不分／
矛盾／不當的行為／
不透明

	正位	逆位
現在／結果	克制情緒，就事論事／中立的立場或想法／光靠運氣並不能獲得讚賞／壞事遭到審判／發現問題的根本原因	沒辦法做出中立的判斷／不平衡／不平等待遇／遲遲沒有結論／以前做過的壞事受到不必要的責難／不能用常識來思考／必要之惡
過去／原因	不辱正義感的行動／單憑正確與否做出判斷／無法意會對方內心的想法／過於嚴苛，被身邊的人敬而遠之	做壞事／自私的想法／總是在抱怨或忿忿不平卻不採取行動／擅自行動／思想扭曲／沒有常識的言行舉止／對事實有錯誤的認知
未來	做出公正的評價／問題一口氣朝解決的方向發展／得到過去做過的事情帶來的好處／貫徹自己認為正確的事／找到合理的解決方法	做出錯誤的決定／不合理的情況／權利遭到侵犯／因為不公正引發問題／為過去的卑劣行為或壞事付出代價／單方面的壓榨
建議	不用情緒來評斷，只看事實關係／若出現不得不認同的結論就要坦然接受／冷靜地組織邏輯進行說明／不做出有違道德的行為	別再把事情想得太美好／在被逼到走投無路之前先逃跑／不要靠近自己認為是不對的事／小心謹慎地了解情況／不要情緒用事
戀愛	平等平衡的關係／獲得周圍認同的情侶／平穩安定的關係	一廂情願的戀愛／沒有回報／個性不合或想法上的差異擴大情感裂痕／和前任之間的糾葛
工作	收到正當評價／兼顧工作和私生活／以誠實的態度贏得信用／保持穩定的業績	不合理的報酬或待遇／偏袒／業績高低落差很大，起伏不定／找藉口導致股價下跌
人際	互助合作的關係／有施有得／發生衝突也會透過對話和解／維持良好的關係	不公平的待遇／被別人扯後腿／擺出八面玲瓏的態度被其他人孤立／硬是主張正當性
金錢	收支平衡／與付出的勞動相符的報酬／公平分配／宜講究優良的品質	娛樂上的費用變高，影響生活開銷／詐騙或壓榨／不合理的虧損／妄想一夜致富卻以失敗告終

XII

吊人
THE HANGED MAN

THE HANGED MAN

接受困境之後的光明未來

男人雙手被綁在綠葉茂盛的樹上，一隻腳繫著繩子，整個人倒掛在T型十字架。他穿著紅色和藍色的衣服，不知為何露出開朗的表情，甚至還自帶光背。簡直就像心甘情願接受這份磨難，覺得「現在是接受考驗的時刻」。儘管圖案令人印象深刻，這張牌暗示在克服難關後的燦爛光輝。也有切換視角、懷疑刻板化的價值觀等轉換想法的意思。

卡面的解牌線索

綠葉茂盛的樹

嫩葉遍布枝頭的樹木是生命力、重生以及希望的象徵。代表只要一通過考驗，就有光明的未來等在前方，朝著將來成長。

T型十字架

懸吊男人的「T型十字架」是最古老的十字架之一。代表追求真實和善良的心。也有一說認為是天與地、神與人合流的象徵。

藍色和紅色的衣服

代表高尚精神和理性的藍色，以及象徵熱情和強大能量的紅色。暗示接納相反的特質、矛盾或內心的掙扎來獲得什麼。

表情和光背

縱使情況險峻，男人也沒有感到悲觀，反而露出一副光輝燦爛的表情。也有解釋認為在臉旁邊的光背是他有所頓悟的表現。

用幸運籤占卜法算出今日運勢

正 你有一種預感，只要轉換心情。就會開闢出一條新的道路。本來一帆風順卻被迫暫停，或是被人從中作梗擋住去路，事情可能會進行得不太順利。遇到這種時候，請樂觀地將其視為轉換視角的契機。

逆 別自暴自棄，靜靜等暴風雨過去才是上策。今天很容易被逼入絕境，面臨找不出方法解決的艱難情況。雖然很容易陷入四面楚歌的窘境，但不妨趁這個機會好好鞏固基礎吧！

幸運物＆開運行動

 Lucky color
灰棕色

高雅柔和的色調賦予持有者氣質穩重、待人和善的印象。

 Power Stone
藍玉髓

治癒孤獨，修復尷尬的人際關係。

Lucky goods & action
- 豆腐料理
- 觀葉植物
- 三溫暖或岩盤浴

塔羅牌的訊息
Message

Keyword >>> 充滿未來的考驗

正

考驗／修行／
自願犧牲／動彈不得／
轉換想法

逆

痛苦／消耗／
徒勞無功／白費努力／
情況惡化／
難以接受的現實

	正位	逆位
現在／結果	一味忍耐／無可奈何的情況／動彈不得／接受艱困的情況／深刻體會到自己的無力／接受考驗的時刻	努力或付出沒有回報／拼了命抵抗卻徒勞無功／想要逃離苦海，卻反而為掙扎所苦／被用來以儆效尤
過去／原因	接受現實、面對自己的時期／精神和肉體上都瀕臨極限／拒絕接受現實，停止思考／犧牲自己／被動的態度	對事情有錯誤的理解／做無謂的掙扎／無視身邊的人，以自己為中心／沒能下定決心／沒有做好覺悟
未來	支持他人／被迫忍耐／在苦思許久後脫胎換骨，變成全新的自己／能夠在通過考驗後獲得符合期望的結果／克服	情況惡化／即使裝作沒看到，災難還是會降臨在自己身上／因為焦慮或不安而做出錯誤的行為／失去寶貴的事物／爆發
建議	試著接納一切／等待時間過去／試著轉換觀點會想出打破現狀的方法／為了他人的利益犧牲自己／就當作是充電時間，好好養精蓄銳	不要做無謂的掙扎／接受自己的無能為力會輕鬆很多／認真思考是哪裡不對／盡最大的努力／努力的經驗會帶來自信
戀愛	遇不到對象／毫無進展／為對方奉獻的戀愛／克服考驗／即使不會有回報也要繼續愛	最後會後悔的戀愛／縱使拼命付出仍一無所獲／無法跨越的高牆／自我中心的感情
工作	需要不屈不撓的精神／再痛苦都要咬牙苦撐，堅持就會有所回報／在基層深耕多年後取得成功	被逼到絕境／窮途末路，動彈不得／就算苦撐也沒有未來／無謂的努力
人際	不要著急，慢慢拉近距離／一直沒辦法培養出友誼／因為朋友而動彈不得	沒有意義的忍耐／為對方犧牲／沒必要強迫自己和對方來往／最好慢慢拉開距離
金錢	難以做到完美的財務管理／暫時陷入財務危機／一點一滴地存錢／不在預定計畫內的花費	勉強苦撐的經營／不覺得會有原本期待的收入／大膽的決定造成反效果／節約毫無成效

43

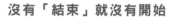

XIII
死神
DEATH

沒有「結束」就沒有開始

　　騎著白馬的骷髏騎士身披鎧甲，高舉著一面白玫瑰旗幟。在騎士面前祈禱的教皇、撇開視線的少女、盯著騎士的小孩以及橫躺在騎士腳邊的國王。背景則是太陽、河流和帆船。「死神」並非死亡的預言，而是象徵某件事情的結束或即將邁入新的局面。同時也顯示出死亡會平等降臨在所有人身上，無從避免。重要的是別被不祥的印象畫地自限。

卡面的解牌線索

白馬和白玫瑰

白馬象徵神聖能量，白玫瑰象徵生與死的神祕。兩者與黑色鎧甲形成對比，彰顯結束與開始的二元性。

骷髏騎士

縱使獲得萬貫家財或響亮名聲，死亡依舊會公平地降臨在每個人身上。躺在地上的國王屍體和祈禱的教皇突顯了這點。

太陽

有上升的朝陽和下沉的夕陽兩種解釋。日出日落的循環是結束及重生的意思。

河流和帆船

河流象徵新的開始和變化。騎士底下的帆船會載送靈魂，表示船將逆流而上，前往高塔另一邊的新世界。

用幸運籤占卜法算出今日運勢

正　重點在於認為與過去訣別也是必經的過程。順利的話，你會得到超越過去的成果。調整以前的作法重新開始、改掉行之有年的過時慣例，可能多少會伴隨一些辛苦或疼痛，但是不要害怕，接受他們吧！

逆　想擺脫現狀的話，就放膽去挑戰新事物吧！明明腦袋很清楚，卻總是踏不出下一步的情況會持續下去。愈是走投無路，或許就愈難做好覺悟讓事情有新的進展，不過你還是要鼓起勇氣行動。

幸運物＆開運行動

Lucky color
瑠璃色

這是源自佛教七寶的神聖色彩。會驅散邪氣，保護持有者。

Power Stone
黑水晶

這是最強的辟邪礦石。有強大的淨化能力，會驅邪避凶。

Lucky goods & action
• 優格
• 浴鹽
• 整理冰箱

44

Keyword >>> 通往重生的結束

正
重生／復活／變化／
踏上旅途／脫胎換骨／
留戀／結束／死心

逆
迷惘／執著／
頑固／無法接受變化／
下不了決心

	正位	逆位
現在／結果	成為人生轉捩點的時機／某件事情即將結束／甩掉過去，重新出發／接受變化，轉換成全新的想法／前往下一個階段	沒辦法跟上變化／遲遲不能下定決心／執著於過去或現狀／拖延結束的時間／沒有做好覺悟
過去／原因	放下執著／一件事結束／事發突然，沒有做好準備／只有極端，沒有折衷／世界的法則／沒有明確的理由	被困在過去／背負龐大的壓力／喚起心理創傷／不能好好地正視情況／無法前進／巨大的打擊
未來	脫胎換骨，重新開始／關係被強制歸零重來／生活出現劇烈變化／有新的機會或靈感降臨／可以重新來過	進不得也退不得／改變不了作法／不能接受現狀／不得不放棄的情況／一場失敗帶來全新的發展
建議	下定決心拋開過去／重來的勇氣也很重要／變回一張白紙從頭來過／開始新的嘗試能創造新事物	鼓起勇氣再踏出另一步／斬斷留戀／抽身的時機很重要／蛻去舊殼，成為新的自己／別放過大好時機
戀愛	使關係發生動搖的事情／經常錯過／失戀或變心／在分手後出現新的邂逅	情況迅速發展／偶然的重逢或突然的離別／痛苦的日子一直持續下去／遲遲沒辦法結束這段感情
工作	計畫或契約變成白紙／換工作或辭職／考試落榜／不知該用什麼方法執行／換個心情重新出發	業績持續低迷／下不了決心，一直重蹈覆轍／必須認真思考自己真正想做的事
人際	與對方的關係會發生變化／檢討你們之間的相處方式／不要過度追著對方跑	對朋友的看法會發生變化／遲遲離不開不舒服的環境／重新檢視人際關係
金錢	很難有符合期待的發展／生病或事故這些不得已的支出／存錢不順利	沒有起色的情況／現在正是檢討生活開銷的時候／要是不捨棄目前為止的金錢觀的話會很危險

XIV

節制
TEMPERANCE

融為一體、相互調和的兩個世界

　　張開翅膀的天使兩手拿著水杯，慢慢交換杯中的液體。衣服的胸口有一個由四角形和三角形組成的符號。腳邊有盛開的黃色鳶尾花，後面的山上有一條延伸至太陽的道路。右腳踩在水裡，左腳踏著陸地，手中正在混合左右兩種性質迥異的液體，藉此表現出在試圖進行調和的同時戰戰兢兢地推進事物，以及巧妙保持中立的狀態。

卡面的解牌線索

水杯（聖杯）
天使傾倒左右兩個水杯中的不同液體進行調和。這些液體也象徵能量，代表一邊融合一邊發生變化。

四角形和三角形
在衣服胸口的符號，四角形代表四大元素：火、水、風、土；三角形代表煉金術的三物質：硫磺、水銀、鹽。

黃色鳶尾花
水邊的鳶尾花在希臘神話裡是彩虹女神。彩虹象徵連接天地的橋樑，有把兩種不一樣的事物串連在一起的意思。

右腳和左腳
有一種解釋認為，水裡代表無意識，陸地代表顯意識。暗示天使銜接起兩個不同的世界，使兩者互相融合在一起。

用幸運籤占卜法算出今日運勢

正 只要不慌不忙、順其自然，事情就會往好的方向發展。雖然沒有劇烈的變化，但原本尷尬的交友關係會漸入佳境，停滯已久的專案也會緩緩重啟。應該可以感覺到平緩的進展。

逆 心情的波動非常劇烈，可能會隨著就連自己都無法控制的情緒跌宕起伏。理性徹底罷工，搞不好會被當成一個不會察言觀色的人。只要傾聽周圍的聲音，應該就能慢慢恢復冷靜了。

幸運物＆開運行動

Lucky color
淡藍色
像天空一樣明亮的藍色。會解放心靈，擁有明亮的好心情。

Power Stone
骨幹水晶
讓正面和負面的情緒保持良好的平衡。

Lucky goods & action
• 礦泉水
• 玻璃花瓶
• 整理及汰換衣物

Keyword >>> **完美協調的融合**

正

中庸／融合／
有分寸的行動／
平衡／調和／調整

逆

不平衡／
進行中的事物中斷／
自我中心的／情緒用事

	正位	逆位
現在／結果	有必要梳理情況／發生好的化學反應／新的發現／透過與他人交流獲得新的發現／在他人與自己的意見之間取得平衡	拒絕和別人碰面／不知不覺以自我中心的態度來思考事情／經常錯過很多事／優柔寡斷，別人說什麼是什麼／不適合的環境
過去／原因	容易被別人的意見影響／優柔寡斷的態度／好奇心旺盛／太貪心導致所有事情都半途而廢／為人太過誠實，讓身邊的人不知該如何應付	無法壓抑的情感／看似有聽別人的意見但其實沒聽／沒有共識／沒有彈性／對對方的了解太少／合不來
未來	把好幾件事物整理在一起／文化衝擊／調整太超過的地方／完美協調的世界／用詳盡的考量與審慎的應對來實現願望	不符合期待的發展／與周遭的平衡崩壞，情況惡化／白費精力／沒能好好把握機會／生活亂成一團／身體不舒服
建議	臨機應變的處理／以剛剛好的狀態為目標／避免與身邊的人發生衝突／不靠運氣、只追求平均分數的態度／也能傾聽並理解不同的聲音	樂觀看待所有事情／為了認識對方進行交談／不要縮在自己的保護殼裡／控制情緒很重要
戀愛	平穩且令人放鬆的關係／低調示愛／交往期間有節制地為對方奉獻／由你去配合對方	強迫對方接受自己的感情／總覺得有哪裡不對／遲遲沒有進展／沒能好好把握機會
工作	溝通解決問題／和周圍的人合作／和聲望高的人交流／以退為進很重要	沒有打好基礎而陷入僵局／缺乏對他人的顧慮而遭到孤立／不能隨機應變／沒有充分確認造成失敗
人際	保持適當距離／安穩舒適的關係／重視與周遭的協調／純粹的友誼	因為缺乏同理心的言行被人孤立／搞不懂對方的真心，不敢敞開心扉／不能做到八面玲瓏
金錢	花點心思讓省錢變成一件有趣的事／存款順利增加／有節制的支出會帶來好運	浪費錢／記帳很隨便，經常入不敷出／衝動購物造成失敗／沒辦法好好存錢

XV

惡魔
THE DEVIL

THE DEVIL

存在於每個人心中的「脆弱」

　　蹲在黑色背景前的惡魔長著山羊的頭和蝙蝠翅膀。牠用右手施予邪惡的祝福，左手倒握著一把火炬。額頭上有一顆**顛倒的五芒星**。赤裸的男女小惡魔只被一條鎖鏈鬆鬆地拴住，彷彿是心甘情願成為惡魔的手下。當「惡魔」出現時，也許表示該承認人人心裡都會有的欲望或嫉妒。或者也可以想成是對順從本能或快樂的行為所做出的警告。

卡面的解牌線索

黑色背景	火炬	顛倒的五芒星	男女小惡魔
把所有顏色倒在一起會變成黑色，而不會變成其他顏色。指束手無策的狀態或動彈不得的情況，也可以理解成是在發出警告。	惡魔左手的火炬是欲望的象徵。這把火也燒到了小惡魔的尾巴上，顯示小惡魔也成了欲望的俘虜，無法逃離。	惡魔額頭上顛倒的五芒星是召喚邪惡的惡魔象徵。和引導世人獲得真理的五芒星光芒有完全相反的涵義。	也有人把牠們解釋成亞當和夏娃。長著令人聯想到動物的尾巴，暗示受到惡魔的勾引，順從本能而活。

用幸運籤占卜法算出今日運勢

正　就算是麻煩的事情也不要逃避，帶著不輸給誘惑的堅定意志度過這天吧！若想著「明天再說」，拖延現在該做的事，就會引來不必要的失誤或麻煩。正是每次都能做好的事情才更要仔細檢查。

逆　有機會擺脫已經想戒想好久的壞習慣。為了不要重染舊習，請你嚴格地克制自己。順利的話，應該會有種不知不覺和爛朋友漸行漸遠，像是附在身上的髒東西終於離開、渾身舒爽的感覺。

幸運物＆開運行動

 Lucky color
銀色

維持埋藏於內心的強韌意志、尊嚴及品格。

 Power Stone
孔雀石

保護持有者不會往不好的方向愈陷愈深。

Lucky goods & action
- 泡菜、醃漬物
- 古董家具
- 腳底按摩

塔羅牌的訊息

Message

Keyword >>> 無法逃離的誘惑

正

欲望／自甘墮落／
快樂的／執著心／
戰勝不了誘惑／
剝奪理性／毫無秩序

逆

擺脫束縛／消除煩惱／
擺脫現狀／控制欲望

	正位	逆位
現在／結果	敗給誘惑／逃避痛苦的事／嫁禍責任／選擇自保／順從自己的欲望／在內心反覆掙扎卻毫無作為	發現自己的問題／漸漸改掉壞習慣／從執著或桎梏當中獲得解放／該回到正軌的時候／試圖擺脫現狀
過去／原因	無法克制欲望／意志薄弱／理性罷工／不能做出正確的判斷／明知道但停不下來／依存／耽溺於享樂之中	不打算改變現狀／鬼迷心竅／僅有一次的錯誤／基於膚淺想法的行動／覺得「一點點而已沒關係」的縱容心態／一時的疏忽
未來	可能會因為一時大意而失去一切／壓抑不了欲望，理性失去作用／被誘惑吞噬，向下沉淪／依賴或執著變得更強	要克服障礙還有很長的路要走／根據自己的選擇，還可以重新來過／斷絕關係的關鍵因素／從過去的自己脫胎換骨
建議	還可以重來／面對沒用的自己／不逃避討厭的事／具備會自我反省的強大內心	不顧一切地拼盡全力／不找藉口／相信自己的心，帶著自豪／事情會因為你面對的方式改變／和帶來誘惑的事物保持物理上的距離
戀愛	出軌／婚外情／束縛／橫刀奪愛／戀愛依存症／家暴／肉體為目的的關係／被危險的魅力吸引	斬斷孽緣／斷了音訊／執著或留戀消失不見／從失戀中振作／心情豁然開朗
工作	無法辭掉討厭的工作／不當的行為／貪汙／安於現狀，不願努力／都先計較得失／欺騙自己	脫離低潮或危機／改掉愛摸魚的壞習慣／察覺不當待遇／擺脫麻煩的工作
人際	壞朋友／無法斬斷孽緣／被捲入危險的事／互相依存的關係／拒絕不了誘惑	告別孽緣或惡緣／逃離不好的誘惑／健康的人際關係／誠實說出自己的心情
金錢	賭博成癮／敗給物欲／危險的生意／不正當的生意／對金錢過度執著	收入慢慢地往上增加／放下對金錢的執著／正確的金錢觀／正當地賺取收入

XVI

高塔

THE TOWER

THE TOWER

粉碎傲慢和虛榮的天啟

一道雷擊中佇立在懸崖峭壁的高塔，爆出激烈的**閃電及二十二團火花**。從畫面上看起來，落雷的衝擊似乎炸飛了裝飾在塔頂的**王冠**，害兩個人類摔了下去。來自天上的雷擊就好比為驕矜自滿的人類帶來教訓制裁。象徵過去建立起來的事物崩塌瓦解，或是曾經相信的價值觀發生改變。但同時也代表在崩壞之後有新的創造或誕生在等著你。

卡面的解牌線索

高塔

聳立的灰色高塔有人類樹立起來的權力或價值觀等涵義，代表都是一眨眼就會瓦解、稍縱即逝的事物。

雷

雷代表對傲慢的告誡，也有來自上天的啟示或靈感的意思。或許是在表達需要某種程度的衝擊才能展開全新的開始。

閃電及二十二團火花

火花的數量與大阿爾克納的張數都是二十二。閃電描繪出代表「手／神的恩寵」的希伯來文字，顯示這道雷出自神的旨意。

王冠

閃閃發光的王冠象徵權威、地位和高傲的心。這樣的王冠被雷擊中則暗示自尊心的墜落或遇到挫折。

用幸運籤占卜法算出今日運勢

正 今天是改變方針的好時機。原本一帆風順的工作遇到大浪翻船，或是被信任的朋友說了難聽的話，你可能會因為事情忽然急轉直下而備受打擊。趁這個機會反省自己的傲慢或天真並調整心態吧！

逆 試著著手處理因為卡關而暫時擱置或尚未解決的問題吧！一直以來的視而不見會讓你需要花更多時間或動力去解決他們，但錯過這個機會可能會引發更嚴重的問題。現在正是付諸行動的時刻。鼓起勇氣嘗試看看吧！

幸運物＆開運行動

 Lucky color
黑色

保有威嚴，給人專業的印象。也有壓抑情緒的效果。

 Power Stone
藍晶石

提升持有者的直覺反應力與洞察力，保護持有者免於危險。

Lucky goods & action
- 生魚片
- 鈴鐺
- 登上觀景台或摩天大樓

塔羅牌的訊息

Message

Keyword >>> 價值觀的崩壞

正

解放／鬥爭／破壞／
意外事故／劇變／
我行我素／打擊

逆

衝突一觸即發／
走投無路／動搖
問題浮上表面／
難以從打擊中振作

	正位	逆位
現在／結果	發生意外／突然變得很不順利／累積的事物崩塌／正在發生變化的階段／大到讓價值觀徹底改變的衝擊	不曉得打破現狀的方法／事情陷入僵局／一直拖著不解決問題而導致失敗或引發災難／該認真解決問題的時候／一點一點發生改變
過去／原因	跟不上快速的發展／無法應付變化／沒辦法控制自己／因為突發狀況陷入混亂／情況丕變	拖延問題／把沒有解決的問題放著不管／不適合這個時代／沒有做到根本的改善／心理創傷／無法從打擊中重新振作
未來	跟不上事情的發展而不知所措／輕舉妄動會導致失敗／事情往出乎意料的方向發展／看到其他人新的一面／發生無從避免的情況	還有解決的辦法／被不得不改變的情況逼得走投無路／傷害在事後才慢慢浮現／發現問題所在，可以往更好的方向前進
建議	冷靜地確認情況／先暫停一下，等待時機／用讓整個計畫從新來過的覺悟去做／檢討至今為止的價值觀或行動	帶著危機感去做／只要改變心態就會慢慢恢復／不要拖延問題／最好不要反抗命運／打破現狀的機會
戀愛	一見鍾情／突如其來的離別／認識改變自己愛情觀的對象／閃電結婚／一夜情	吵架拖了很久／兩人之間出現代溝／有分手的預感／解不開誤會／無法從失戀中振作起來
工作	突然倒閉或解雇／自己一直以來負責的工作發生驟變／出現意外的阻礙／接二連三地發生問題	需要重新建構／有人把強人所難的工作推給你／找不到方向／被問題嚴重影響
人際	背叛／過去的關係發生崩壞／具有衝擊性的相遇／因為意外的發展分道揚鑣／切斷不好的緣分	險惡的氣氛／微小誤解導致關係惡化／沒有交集／長久以來的不信任感一次爆發／不能互相理解
金錢	超乎預期的損失／一口氣花了一堆錢／因為股價或匯率的大幅變動陷入危機／伴隨天災的支出	收入減少導致資金不足／已經是勉強苦撐的情況／財務糾紛拖了很久／快要破產

XVII
星星
THE STAR

相信即將到來的「可能性」

有一名全身赤裸的女子跪在池水邊,雙手握著水瓶,把水瓶裡的水倒在池子裡和大地上。在即將破曉的天空,有一顆特別大的八芒星在閃閃發光,周圍還有七顆小星星。女子背後的樹上停著一隻朱鷺在盯著她看。「星星」這張牌射出一縷希望之光,暗示可以擁有新的可能性或夢想。不過這些都要在具備強大的精神力或付出努力之後才會出現。

卡面的解牌線索

全身赤裸的女子

裸體的女子反映出純真或純潔的精神。暗示其中蘊含無限可能性。帶著坦率的心情前進會吸引充滿希望的未來前來敲門。

水瓶裡的水

女子傾倒的是生命之水。和「節制」一樣,雙腳同時置於水中和陸地,代表銜接並融合意識與無意識。

八芒星

巨大耀眼的八芒星象徵希望和夢想,周圍的七顆星星與代表神祕的「7」有關。發光的星星暗示人類與生俱來的才能或魅力。

朱鷺

棲息在背景那棵樹上的飛禽是朱鷺。代表新的開始以及對未來的希望。也是埃及神話的知識之神托特(Thoth)的象徵。

用幸運籤占卜法算出今日運勢

正 今天是開始學習新東西或念書的最佳時機。試著在空閒時間參與文化活動也是不錯的選擇。建議去觀賞戲劇、展覽,或是喜歡的歌手演唱會。你會找回在忙碌的每一天裡被遺忘的內心滋潤。

逆 在自己能做到的範圍內重新設定目標或每天的基本門檻吧!只要一步一腳印地前進,可能性就會不知不覺出現在眼前。即使現在設定的目標比你想像的更難達成,不要迷失目標才是最重要的。

幸運物 & 開運行動

Lucky color
檸檬黃

用開朗友善的印象提升溝通能力。

Power Stone
石榴石

蘊藏勇氣、希望以及強大的生命力,會為持有者帶來勝利。

Lucky goods & action

• 蛋包飯等雞蛋料理
• 唇膏
• 打掃玄關

塔羅牌的訊息
Message

Keyword >>> 努力前方的希望

可能性／相信自己／
鍛練才能／流於感性／
夢想成真／創造力

失望／太高的目標／
幻滅／悲觀／
遲鈍的感性／錯失機會

	正位	逆位
現在／結果	看見將來會出現好預兆／發掘出自己的才能／對未來充滿期待和希望／動力大增／直覺神準，具判斷力	因為出乎預料的發展感到失落／計畫泡湯／變成一張白紙／期待的事情會延期／失去希望／思緒亂成一段，內心惶惶不安
過去／原因	朝著目標努力／目標本身有問題或目標太高／有必要分析理想是否符合現實	目標與自己的能力不相稱／著急得原地打轉／只有腦筋在動，身體卻沒跟上／負面思考／悲觀／失去指標
未來	夢想實現／能夠將內心所想付諸實行／身邊有更多支持自己的人會大力助陣／知道該前進的方想／著手解決問題	因為想法過於負面而陷入谷底／無法懷抱希望，未來難以預測／原本在做的事情變成白忙一場／本來很順利的事情最終告吹
建議	懷抱希望／以樂觀的態度嘗試自己想做的事／相信自己的能力和可能性／重視上進心／應該要去挑戰新事物	發現微小的希望／注意好的那一面，而非不好的那一面／重新設定有可能實現的目標／讓大腦歸零，做現在能做的事
戀愛	遇見理想對象／單戀開花結果／從友情開始的戀情／有機會發展下去的戀愛	理想太高／逞強／沒有在注意內在／悲觀／對不符合自己期待的對象感到後悔
工作	備受期待／能從事自己想要的工作／可以有很高的目標／靠優異的感性及品味大顯身手	失去目標，鬥志萎靡／計畫泡湯／努力化為泡影／不符合期待的結果／看錯人
人際	與志同道合的夥伴有更深的交情／互相尊重／與他人的交流會讓生活變得更加充實	不會帶來收穫的關係／關係毫無進展／封閉自己，遭到孤立／對人際關係感到很有壓力
金錢	對利益或虧損有很強的直覺／優惠資訊／最好重新評估貸款或保險／外快	浪費錢／便宜沒好貨／拿不到跟期待一樣多的報酬／玩股票或投資失敗

XVIII

月亮
THE MOON

朦朧的不安與神祕

皎潔的**月亮**高掛在畫面中央，前面的沼澤有一隻往岸上爬的**小龍蝦**。一條路從沼澤蜿蜒而出，一直延伸到兩座塔的另外一邊，兩旁的**狗和狼**正在對著月亮大聲咆嘯。與將事物照得一清二楚的太陽形成對比，月亮代表整體模模糊糊、曖昧不清的狀態。正是在象徵不安或變遷的這張牌出現的時候，才更不能失了冷靜與客觀的視角。

卡面的解牌線索

月亮

這張圖裡的月亮包含了滿月、弦月及新月等所有型態。略顯憂愁的表情傳遞出不安全感和不透明。

小龍蝦

小龍蝦正準備爬出象徵潛意識或無意識的水塘。暗示不願面對的擔憂或沒能察覺的憂慮會顯露出來。

兩座塔和一條路

兩座塔是區隔人類居住的現實世界與未知世界的界線。通往另一個世界的道路則象徵人生的歷程。

狗和狼

狗是受人類豢養的文明生物，狼是野生世界的象徵。他們隔著道路朝月夜猛吠，代表兩個相對的事物。

用幸運籤占卜法算出今日運勢

正 若感到不安或擔心的話，就試著動起來，具體蒐集資訊吧！也許那些都來自於你不懂對方心情或問題點而做出的揣測。直接找對方問清楚就能知道焦慮的原因，說不定意外地好解決。

逆 你今天最好要老實認錯。妄加揣測造成的誤解，以及基於成見所做出的判斷，你會慢慢了解這些事情的本質。只要換個視角，應該就可以挽回之前浪費掉的時間或人際關係。

幸運物＆開運行動

Lucky color
象牙色

柔和的顏色有治癒效果。適合用在想讓心情沉澱下來的時候。

Power Stone
月光石

撫平女性內心的不安，帶領情緒回歸平靜。

Lucky goods & action
- 水果塔
- 手鏡
- 整理家電的電線

塔羅牌的訊息
Message

Keyword >>> 漸行漸遠的心

 正

不安／模糊／
看不見的敵人／
不透明的前景／
妄想／善變

 逆

視野開闊／
清晰明確的狀態／
真相逐漸明朗／
消除不安／做個了斷

	正位	逆位
現在／結果	為祕密或隱瞞之事煩惱糾結／情緒不穩定／擔心著什麼／不清不楚／沒來由的擔心／找不到解決辦法	發現自己被騙，從而逃過一劫／心裡的不安慢慢散去／認清現實／注意到誤解或誤會／靠自己解決擔心的事
過去／原因	看不見對方的真心／過度解讀／帶有成見或妄下判斷／不確定是否就是真相／有些事實尚未查明	祕密曝光／露出本性／以前的方法變得不管用了／能夠冷靜應對／情況好轉並漸趨穩定
未來	不透明的未來走向／模稜兩可的狀態會持續下去／難以預料／可能有詐／藏在暗處的敵人會浮上檯面／不安會引發問題	精神狀況愈來愈穩定／看得到接下來的發展／遠本模糊不清的事情有了明確的答案／找到該走的路／有很強的第六感能看穿別人在做壞事
建議	誠實以對／不要自我封閉，重視互相溝通／保持距離，不要太相信對方／從客觀的角度看事情／有一顆堅定不移的心	面對現實／重新思考先入為主的觀念／不要逃避真正重要事物／不要迴避討厭的預感或違和感
戀愛	虛假的戀愛／背叛／外遇／對不誠實的態度產生不信任感／劈腿／婚前猶豫／有隱情的戀愛	發現對方有所隱瞞／想保密的關係會曝光／了解對方的本性／搞清楚自己的心情
工作	情況不明朗／被其他人領先／在檯面下暗自較勁／錯估情勢導致失敗	看清楚情況，預測之後的發展／問題的原因會清楚浮現／以靈敏的直覺避開麻煩／消除不安
人際	無法信任／背叛／被陰晴不定的人的一言一行耍得團團轉／互相刺探／遭到排擠	恢復信賴關係／態度愈坦白，關係就愈好／解開誤會／互相理解／看透本性
金錢	前景不穩定／要小心衝動購物或詐騙／現在不適合花大錢購物	制定未來的資金規劃／在被詐騙前察覺異狀／找到缺錢的原因，財務狀況漸趨穩定

XIX

太陽
THE SUN

必然收穫成功和喜悅的未來

　　碩大的**太陽**在晴空中綻放萬丈光芒，下面有個**光溜溜的小孩**正興高采烈地跨在**白馬**背上。在背後那道牆的對面，向日葵盛開，紅色旗幟隨風大力擺動的模樣充滿了生命力與能量。可以感受到「太陽」在三個天體中作為壓軸登場當之無愧的強大。這張牌暗示可能會成為矚目焦點，過去的努力會有所回報，代表是可以積極採取行動的時候。

卡面的解牌線索

太陽

目不轉睛地凝視正前方的太陽象徵創造性和希望。直線和波浪型的光線代表光與影、男與女之類的二元性以及兩種相反的現象。

光溜溜的小孩

正沐浴在陽光之下，無憂無慮開心玩耍的小孩象徵生命力本身。表現出直接吸收各種事物，發展潛能並成長茁壯的模樣。

白馬

馬是本能的象徵。小孩不用韁繩就能駕馭自如，熟練地騎在馬背上的模樣，代表走在通往成功的道路上。

向日葵和牆壁

有些解釋認為，四朵向日葵代表四大元素，灰色牆壁是在保護小孩不受這些元素影響。小孩即將跨出這層保護屏障，慢慢長大成人。

用幸運籤占卜法算出今日運勢

正 試著將之前想做或醞釀已久的事情化成行動吧！若你一直以來都在默默進行某種準備，現在就是站上舞台，實際去挑戰或對外公布的大好時機。要想取得更好的結果，熱忱以及認真的態度才是成功的關鍵。

逆 請你把今天一整天都用來好好充電吧！可能會和原本氣氛正好的異性產生距離，或是突然覺得一直拼命努力的工作毫無意義，整顆心懸在半空中。為了儲存心靈能量，請你積極地轉換心情。

幸運物&開運行動

 Lucky color
橘色

使人擁有樂觀開朗的好心情。與他人來往時也會更放得開。

 Power Stone
太陽石

以強大的能量營造出新氣象，提升統御力和信賴度！

Lucky goods & action
- 番茄料理
- 髮飾
- 觀賞運動賽事

Keyword >>> 前進的力量

  正

喜悅／幸福／成功／
成長／榮耀／誕生／
滿足／成就／充滿力量

  逆

挫折／陰影處／停滯／
能量不足／不健全／
失望／過度自信／中斷

	正位	逆位
現在／結果	事情的發展一如所願／好運到達巔峰／朝氣蓬勃，精力旺盛／充滿喜悅／在平凡無奇的日常生活體會到充實感	失去目標／事情陷入停滯／身心靈都缺乏能量／做什麼都不覺得有趣／不知道以後該怎麼辦／看不到未來
過去／原因	過度公開資訊／輕率的言行舉止／亮出底牌／作人太過老實／友善的態度／想得太簡單／幼稚的態度	想法尚未成熟，得不到周圍的認可／不夠努力／無法接受周遭的意見／冥頑不靈／沒來由的自信／被其他人搶走功勞
未來	成功／成就／努力受到認可／在人前接受表揚／會有好消息從天而降／克服考驗之後才有機會成為周遭的注目焦點	因為不好的原因引人注目／努力沒有任何報酬／沒有自己以為的那麼受人關注／遲遲做不出成果導致鬥志降低
建議	享受其中將會帶領你邁向成功／保持樂觀開朗的態度／與其模仿他人，還不如做自己／打招呼時要帶著笑容／做什麼都全力以赴	有一顆堅定的心／不慌不忙、堅持不懈地努力下去／不要迷失目標／更努力地表現自己／要做出準確的判斷
戀愛	戀情會開花結果／成為公認且受到祝福的情侶／誠實、健全的關係／愉快的交往過程／結婚	一些枝微末節的小事會發展成分手／對將來感到不安／倦怠期／無法互相信任的關係
工作	得到地位或名聲／升遷／業績扶搖直上／備受矚目／取得成功／獲得成就感	功勞被搶走／鬥志銳減／不受好評／因為偷工減料失去信用／身心俱疲
人際	表裡如一、毫無隱瞞的關係／可以互相砥礪的對象。／遇見往後會一直相處下去的人	失約／不經大腦的發言讓關係變得很尷尬／沒辦法發自內心地享受其中／待在一起就覺得很累
金錢	成功做到某件事，獲得獎金或報酬／達到目標金額／買彩券或抽獎中獎／出乎意料的額外收入	失去賴以為生的收入／浪費／亂花錢／失控／超出預算造成財政赤字

XX

審判
JUDGEMENT

以過去學到的經驗為啟發

天使吹響掛有旗幟的號角，亡者像是在呼應天使的召喚般，從棺材裡甦醒，抬頭仰望天空。這副場景是基督教裡的「最後的審判」。在世界末日，活人和死人都會根據自己的所作所為接受耶穌的審判。背景那道山脊的對面會是未來的盡頭嗎？代表復活和重生的這張牌暗示著已經結束或一度快要放棄的事情會重新沐浴在陽光之下。

卡面的解牌線索

旗幟
天使吹奏的號角下面那面白底紅十字旗是救贖與復活的象徵。看起來也像是即將發生的變化或上天降下審判的預兆。

天使
這是大天使之一的加百列（Gabriel）。相傳在最後的審判，祂會用自己的號角復活亡者，是傳達審判結果的信使。

亡者及棺材
從棺材裡站起來的人代表精神或靈魂的復甦。暗示放下執著、展開新的開始才是通往救贖的道路。

山脊
聳立在亡者對面的山脊是現實與未知世界的界線。代表朝著新的階段邁進時，有必須跨越的考驗在前方等著。

用幸運籤占卜法算出今日運勢

正
你今天會面臨與往後的人生密切相關的重大決定。曾經放棄的夢想、斷了聯繫的朋友，被封印的過去有可能會再度逼近。說不定還會和已經分手的情人重新復合，有再續前緣的可能。

逆
最好從根本檢討並改掉過去的思考方式。今天你真正的價值會受到考驗，譬如對工作、周圍的態度或是對另一半的誠意等等。也有可能會發現別人隱瞞了什麼，沒有誠實以對或敷衍了事。

幸運物 & 開運行動

Lucky color
純白色
請在想要歸零、重新開始的時候把這顏色融入穿搭。

Power Stone
拉長石
吸引需要的東西，賦予我們和不需要的東西說再見的勇氣。

Lucky goods & action
• 甜甜圈
• 帽子
• 和認識多年的老朋友碰面

塔羅牌的訊息
Message

Keyword >>> 左右未來的岔路

 正

轉捩點／心念一轉／
復活／解放／
機會／開始

 逆

心理創傷／
傷口難以癒合／
得不出結論／
執著／被困在過去

	正位	逆位
現在／結果	解決問題，展開新的開始／對一度放棄過的事情再次發起挑戰的時候／進步很多，有更好的表現／跨越阻礙繼續前進	錯失機會／為時已晚／等得不耐煩／留下悔恨的結果／結果不如預期／無法前進／過去的失敗再次被拿出來檢討
過去／原因	克服痛苦的經驗成長茁壯／擺脫心理創傷／放不下過去的紛爭／問題再次浮現／誤判時機	太拘泥於過去的事／時機不對／跨不出那一步，總是一拖再拖／忘記重要的事／維持著不好的狀態沒有改善
未來	已經冷卻的話題再度受到關注／找回失去的東西／想起曾經追逐過的夢想／心中的迷惘一掃而空／找到該走的路	無法從失敗中振作／暫時沒有機會／被困在過去會無法前進／決定不了／繼續猶豫不決
建議	把過去的經驗當成養分活用在下一次／要雪恥就要趁現在／將籌備已久的計畫付諸行動的時刻／竭盡所能地解決眼前的課題	即使遭遇困難也要從正面迎戰／轉換心情，繼續前進／不要沒完沒了地後悔／現在正是做出決定的時候／不要拖延重要的事
戀愛	重燃愛火／再婚／復合／已經死心的戀情會修成正果／告白的機會／對過去的清算／奇蹟的相遇	放不下過去／無法死心／拖拖拉拉的關係／沒辦法重來／下不了結婚的決心
工作	停滯的計畫重新復活／起死回生／洗刷汙名／做出的決定會帶領你邁向成功／確定方向	努力沒有回報／錯失機會／無法補救的失敗／過度執著於過昔日的豐功偉業
人際	有預感會與重要的人重逢／和認識很久的朋友重逢／和好／和無可取代之人的感情會更加深刻	與重要的人漸行漸遠／沒辦法和好／再會的機會渺茫／要花很多時間才會變熱
金錢	撈回一度以為已經丟掉的錢／繼續處理差點被遺忘的投資／用強大的第六感做出判斷	做出錯誤的分析導致判斷失準／被謠言影響蒙受損失／不得不做出不利的判斷

XXI

世界
THE WORLD

曠日費時才終於到手的完美和諧

　　上下兩條緞帶被綁成象徵無限的雙紐線，和巨大的「0」字形綠色圓環繫在一起。正中間有一個雙手拿著手杖的裸體舞者。四個角落則畫著在「命運之輪」也出現過的四聖獸。圖中的所有元素既平衡、又協調。「世界」這張牌暗示故事的完結或循環的世界。好似在暗指從「愚者」開始的一連串旅程即將在這裡畫下句點，開啟另一則全新的故事。

卡面的解牌線索

綠色圓環

有人說這個圓環是在模仿頒給贏家的月桂頭冠，用來暗指終點。圓環代表循環或永恆，可以解釋成新的開始。

緞帶

仔細觀察固定綠色圓環的紅色緞帶，會發現那是兩個8字形的雙紐線。意指浩瀚無垠的世界不存在終結。

裸體舞者

立於中央的舞者看起來像是一位女性，但他其實兼具男女兩性的特質，是超越性別的存在。代表兩件相反事物的統一或融合。

四聖獸

代表四大元素的四種生物。不同於「命運之輪」，「世界」只有畫出他們的臉，藉此表現他們是具備知識的完全體。

用幸運籤占卜法算出今日運勢

 正
你的努力會在今天得償所願。上天為你不為人知的努力或精進自我的付出準備了令人高興的結果。那不是來自他人的評價，而是會在自己心中閃閃發光的事物。用力犒賞自己，作為邁向下一個階段的養分吧！

 逆
可能不管做什麼都會只差一步，讓你覺得很不甘心。在快要完成的時候筋疲力盡，或是把最後的功勞拱手讓人。即使沒有立刻受到表揚，一定也有人把你的努力看在眼裡。不要自暴自棄，接受事實吧！

幸運物＆開運行動

 Lucky color
金色

象徵豐富充實。能獲得自信或充實感，還會增加活力。

 Power Stone
髮晶

對助長財運有很好的效果。網羅知識、人脈並提升品格。

Lucky goods & action
- 啤酒、香檳
- 陽光捕手掛飾
- 捐款、參加志工活動

Keyword >>> **完美的一體感**

正

完整／圓滿／
美好結局／勝利／
兩情相悅／安全／
和解／成就

逆

不完整／期望太高／
不滿／看不到未來／
猶豫／內心受挫／
畏縮不前

	正位	逆位
現在／結果	滿足所有條件的最佳狀態／過去一點一滴的累積會開花結果／狀態非常好／覺得有努力真是太好了／對結果很滿意／抵達終點／完成	因為膽小而錯失良機／內心差點崩潰／事情沒有朝自己希望的方向發展／發現把錯誤的方向當成目標／得不到成就感
過去／原因	達成某件事／看不清周圍的狀態／自戀狂／自以為是／沒有得到周遭的認同／過度熱衷於某件事	沒有堅持到最後的強大決心／沒有願景／逃避問題／期望太高／消極的態度
未來	獲得可以接受的結果／能夠達成目標／努力的結果會顯露出來／美夢成真／完成最高傑作／美好結局	沒有完成就結束了／不完全燃燒／碰不到目標／結果令人不滿／夢想不會實現／對半途而廢感到後悔／中途受挫
建議	擁有強大的信念／不要放過機會／貫徹自己的步調／與身邊的人分享喜悅／勇敢去挑戰才是最重要的／全力以赴	確實完成眼前的目標／不要在意周遭的聲音／有一顆不到最後絕不放棄的強大的心／不要逃避／不慌不忙地斟酌時機
戀愛	戀情開花結果／遇見理想的伴侶／與另一半的感情變得更加深刻／幸福美滿的婚姻	缺乏變化、了無新意的狀態／在只差一步的地方失敗／遲遲沒有進展／不懂對方的心情
工作	進行得很順利／達成目標／成功跳槽／長期專案圓滿結束	無法接受執行的方法或計畫／陷入僵局／做到一半就結束了／半吊子的成果
人際	和認識很久的人之間的信賴關係／夥伴間的情誼日漸深厚／與不同文化交流接受刺激	因為價值觀或想法的差異斷了緣分／誤會或誤解／關係無法比現在更進一步
金錢	可以有計畫地儲蓄／定存到期／手頭變得更寬裕／獲得比預期更多的收入	財務狀況吃緊／想要輕鬆賺錢的貪念栽了個大跟頭／沒辦法存錢／欲速則不達

塔羅活用術
設定手機待機畫面
提升運氣！

把塔羅牌的圖案設定成每天都會看到好幾次的手機待機畫面，
用這種方式代替護身符，帶來提升運氣的效果。
只要上網搜尋就可以下載到免費的圖片。

戀愛運

戀人
（p.30）

- 希望單相思
  變成兩情相悅
- 想和對方變得
  更親密

結婚運

世界
（p.60）

- 想要結婚
- 尋求會步入結婚
  禮堂的良緣

家庭運

節制
（p.46）

- 祈求家庭美滿
- 希望夫妻
  感情和睦

名望運

魔術師
（p.20）

- 想要拉抬名聲
- 想成為社群
  媒體上的紅人

事業運

戰車
（p.32）

- 想發揮所長
- 希望能遇到貴人

成功運

星星
（p.52）

- 想要贏得比賽
- 祈求努力
  會開花結果

財運

皇帝
（p.26）

- 想增加收入
- 希望財運亨通

成功運

命運之輪
（p.38）

- 祈求事業成功
- 希望夢想成真

避邪

力量
（p.34）

- 祈求趨吉避凶
- 希望遇到問題
  也能勇敢面對

人緣運

太陽
（p.56）

- 想要加深情誼
- 想消除人際關係
  帶來的壓力

健康運

審判
（p.58）

- 祈求早日康復
- 想治癒
  身心的疲勞

生子運

女皇
（p.24）

- 想生小孩
- 想調節
  女性荷爾蒙

2章

7種基礎牌陣

讓我們運用22張大阿爾克納
來占卜看看吧！
本章將介紹7種基礎塔羅牌陣。

塔羅牌的結構與解讀

相傳塔羅牌的原型是昔日流行於中國及印度的遊戲紙牌。
一副塔羅牌裡面有哪些牌呢？也要仔細注意牌面上的圖案喔！

塔羅牌一共有78張

塔羅牌由78張有圖案的卡牌組成，分為22張大阿爾克納以及56張小阿爾克納。

阿爾克納（arcana）在拉丁文的意思是「祕密」、「神祕」等「隱藏的事物」。大阿爾克納包含「正義」與「審判」等牌，會顯示命中注定要發生的事或人生階段的前行等占卜核心。而小阿爾克納則分成四組，牌上畫著數字或人物，會針對大阿爾克納所揭露的命運進行更具體的解讀。

小阿爾克納的牌上有四種「花色」（符號），每個花色的涵義各不相同（P.100）。仔細理解這些符號的意思才能做到更深入的解讀。

牌中處處有玄機

每張塔羅牌都有人物、動物、風景或記號的圖案，這些全都蘊藏著某種涵義。

例如大阿爾克納的「世界」（P.60）就用月桂冠以及象徵四大元素的圖像來表現「完成」這個訊息。

塔羅牌的結構

大阿爾克納有 22 張，編號是 0～21。

小阿爾克納有 A（Ace，代表 1）～10 的數字牌以及侍從、騎士、皇后、國王
這些宮廷牌（court card，又稱人物牌），每張牌各有四種花色，總共 56 張。

【 大阿爾克納 】

0	愚者	XI	正義
I	魔術師	XII	吊人
II	女祭司	XIII	死神
III	女皇	XIV	節制
IV	皇帝	XV	惡魔
V	教皇	XVI	高塔
VI	戀人	XVII	星星
VII	戰車	XVIII	月亮
VIII	力量	XIX	太陽
IX	隱士	XX	審判
X	命運之輪	XXI	世界

【 小阿爾克納 】

		權杖	聖杯	寶劍	錢幣
數字牌		權杖 A	聖杯 A	寶劍 A	錢幣 A
		權杖 2	聖杯 2	寶劍 2	錢幣 2
		權杖 3	聖杯 3	寶劍 3	錢幣 3
		權杖 4	聖杯 4	寶劍 4	錢幣 4
		權杖 5	聖杯 5	寶劍 5	錢幣 5
		權杖 6	聖杯 6	寶劍 6	錢幣 6
		權杖 7	聖杯 7	寶劍 7	錢幣 7
		權杖 8	聖杯 8	寶劍 8	錢幣 8
		權杖 9	聖杯 9	寶劍 9	錢幣 9
		權杖 10	聖杯 10	寶劍 10	錢幣 10
（宮廷人物牌）		權杖侍從	聖杯侍從	寶劍侍從	錢幣侍從
		權杖騎士	聖杯騎士	寶劍騎士	錢幣騎士
		權杖皇后	聖杯皇后	寶劍皇后	錢幣皇后
		權杖國王	聖杯國王	寶劍國王	錢幣國王

塔羅牌如何解讀

塔羅牌上畫著各式各樣的插圖。人物的方向、背景的自然景觀或動物等具有象徵意義
的元素、記號或圖形，無一不是來自牌的訊息，試著睜大眼睛、仔細觀察吧！

【 大阿爾克納 】… 0 愚者

❶ 光芒四射的
白色太陽

❷ 張開雙臂
仰望天空的人

❸ 代表純潔的
白玫瑰

❹ 腳邊有
陡峭的懸崖

❺ 想要表達什麼的
白色小狗

THE FOOL

【 小阿爾克納 】… 錢幣 2

❶ 橘色的衣服和
大帽子

❷ 如表演雜耍般
靈活把玩
兩枚錢幣

❸ 綠色繩子做的
無限大符號

❹ 在背景裡隨著
巨浪上下起伏的船

❺ 像是在跳舞的步伐

塔羅占卜可以做什麼

健康、金錢、愛情，想占卜的事情因人而異。
一起來了解塔羅占卜的功能和禁忌吧！

塔羅牌可以占卜哪些事？

包含現在、過去、未來、戀愛、婚姻、事業等等，基本上什麼都能算，並且會根據內容給出彈性的答案。只不過塔羅牌比較適合占卜短期的煩惱或方向，而非過於遙遠的未來。

除此之外，塔羅牌也被稱為反映內心的明鏡。自己當下的心情自然不用說，在遇到「不懂男友的心情」或「想和吵架的朋友和好」這些情況時，也可以用來占卜對方的想法。

對不能占卜的事情也要先有個概念吧！

儘管世人認為塔羅牌無所不能，有些內容卻在一般來說被視為禁忌——那就是與生死有關的問題。假如用塔羅牌占卜「我會不會在一年之內死掉」，而且答案是「會」的話，當事人就會失去希望，每天都過得惶惶不安。像這種恐怕會無法冷靜解牌的提問就應當避免。另外，詛咒他人的不幸、詢問合格與否這些會根據結果嚴重影響人生的問題也不行。

透過塔羅占卜可以知道什麼

過去、現在、未來

可以按照時間的先後順序了解未來的發展、現在的情況、過去發生的事情以及造成的原因。未來比較容易占卜的範圍大約以一年為限；過去則會顯示對該問題的影響最劇烈的時期。

心理狀態

可以得知自己的心理狀態，譬如「自己現在的心情為何」，或是「壟罩心中的這團迷霧究竟是什麼」。而且還能了解男友、朋友或家人這些你很在意的對象對自己的看法。

建議

就算沒有什麼特別的煩惱，也可以從塔羅牌那裡得到各種建議。出現正面意義的牌是在鼓勵你要努力到達那個目標；而負面意義的牌則暗藏著可能要小心行事的警告。

透過塔羅占卜可以得到的好處

持續解讀卡牌、導出答案的塔羅占卜可以獲得各種好處。
說不定還會更常在日常生活中覺得：「難道這是託塔羅牌的福嗎？」

察覺自己的真心

塔羅占卜能算的除了顯意識之外，也包含潛意識。當你看不透自己的真心時，塔羅牌會告訴你自己真正的心情，為你照亮該走的路。

增強直覺反應力

解讀塔羅牌需要直覺反應力。長時間使用塔羅牌占卜，會讓你在過程中培養出這種能力，更容易察覺日常生活中的衝突或他人的心情。

作為行動的參考指引

會針對結果告訴你要怎麼做也是塔羅占卜的優點之一。為了某個問題煩惱糾結時，塔羅牌會預測結果，告訴你究竟該怎麼做才是上策。

使人際關係變得更融洽

就算是在疑神疑鬼地猜想「他搞不好覺得我很難相處」的時候，塔羅牌占卜也可以讓你了解對方，幫助你建立良好的人際關係。

能夠樂觀面對一切

藉由占卜為煩惱或迷惘找出答案，會使之前的情緒一掃而空，態度變得積極樂觀。塔羅占卜正是打破現狀的切入點。

用塔羅牌占卜可是好處多多唷！

塔羅占卜的提問方式

在塔羅占卜中，
問題所包含的資訊或提問方式會大大地改變牌義。
提出適當的問題才會更容易得到正確答案。

想要簡單的答案就問能用「Yes」、「No」回答的問題

像是「這段感情會順利嗎」、「我會找到好工作嗎」，用「Yes」或「No」來回答的單純提問可以讓你獲得確切的答案。但是裡面不會有太多訊息。

若是想要能解決問題的辦法這種更深入的答覆，就得具體思考想知道的內容，改變詢問的方式。

盡可能問得具體、詳細一點

塔羅占卜比起「以後該怎麼辦」這種模糊的問題，具體的提問才能讓牌給出明確的答案。請仔細描述目前的情況和背景資訊，例如何時、和誰、在哪裡做什麼，或是基於什麼原因想占卜。如此才能做到對應問題的解讀，得出簡明易懂的回答。請教塔羅牌該怎麼做才能往想要的方向前進，並接受牌的引導吧！

重視與自己的對話

問問題的時候，請試著靜下心來思考自己現在想知道的事。透過自問自答來釐清問題或煩惱，整理提問，得出貼近內容的答案。為別人占卜時，也請在事前用心傾聽對方想知道什麼。

一樣的問題不要問好幾次

因為沒有得到好的結果就反覆占卜同樣的問題是一種禁忌。養成重複占卜的壞習慣會讓你更難得到真正的答案。假如無論如何都想占卜的話，就試試看換個問法或改天再問吧！

使答案簡單明瞭的提問範例

	不好的問法		好的問法

戀愛 ▸ 我和男朋友交往得不太順利，該怎麼辦？ ▸ 他對我的感情好像淡掉了，為了讓關係回到從前，我應該和他談談嗎？

工作 ▸ 簡報會成功嗎？ ▸ 為了讓明天在A公司的簡報順利成功，我該怎麼做？

人際關係 ▸ 為什麼我交不到朋友？ ▸ 我要怎麼做才能交到知心好友？

婚姻 ▸ 我以後會結婚嗎？ ▸ 我身邊的人目前都沒有打算結婚，請問我會在一年內遇到好對象嗎？

健康 ▸ 我瘦得下來嗎？ ▸ 我去年胖了，要怎麼做才能成功在三個月之內減掉五公斤呢？

完全看不到背景資訊，有些部分還很模糊，所以很容易得到抽象的答案。

在說明現況之後仔細詢問如何才能得到想要的結果，答案也會變得更加明確。

如何挑選牌陣（擺牌方式）

牌陣的英文是「spread」，意思是「攤開」。
指的是擺放卡牌的方式。
答案的內容和資訊量會因問題及牌陣而異。

配合問題選擇
合適的牌陣

挑選牌陣並沒有什麼必須遵守的嚴格規定，配合問題的內容挑選即可。能用「yes」、「no」回答的問題就選張數較少的牌陣；如果答案會被情況或對象影響的話，選擇張數較多、更好找出解決辦法或原因的牌陣才能得到準確答案。

剛開始可以先用張數較少的牌陣練習，等習慣之後再用張數較多的牌陣來占卜吧！

一次擺好幾張牌
不見得就會出現複雜的答案

雖然大家經常認為要用到好幾張牌的牌陣會讓解牌變得更加複雜，其實只要用心解讀每一張牌，就能輕而易舉地導出需要的答案。塔羅牌的擺放位置有其意義，會針對問題提供更具體的回答，因此只要老實地解讀牌義，答案自然會呼之欲出。

反之，張數較少的牌陣雖然很適合二選一的問題，但並不適用在想知道該怎麼做的情況。

無論哪一種牌陣，關鍵都是心誠則靈

在塔羅占卜的過程當中，保持心平氣和是最重要的。不管問了什麼問題、選了什麼牌陣皆是如此。仔細切牌，把牌整理成一疊之後，請將雙手放在牌上，誠心誠意地在心中默念：「請告訴我吧。」這樣會更容易召喚出此時此刻的你或提問者所需要的牌。

7 種基礎牌陣

▸ **兩張牌預言牌陣**　p.74

能透過兩張牌占卜「現在和未來」
或「結果和對策」。是一種作法簡
單且易於理解的牌陣。

▸ **兩張牌心靈牌陣**　p.76

使用兩張牌占卜。適合用來占卜
「心情」。除了他人的心情之外，也
可以用來了解自己真正的想法。

▸ **簡易十字牌陣**　p.78

使用兩張牌占卜。適合用在有具體
的問題的時候。會解釋現況並提供
度過難關的方法。

▸ **三張牌牌陣**　p.80

可以用三張牌按照「過去、現在、
未來」的時間順序進行占卜。

▸ **四張牌牌陣**　p.84

用四張牌跟隨時間的流逝指出問題
或阻礙。

▸ **金字塔牌陣**　p.88

使用六張牌占卜。適合用在想知道
要怎麼解決問題的時候。用兩張牌
點出解決辦法，既貼心又好懂。

▸ **六芒星牌陣**　p.92

會用到七張牌，適合在想了解具體
問題的細節，或想占卜與特定對象
的人際關係時使用。

A d v i c e

萬一中途擺錯了怎麼辦？

要是弄錯了牌陣的形狀或擺放順序，請不要繼續占卜，而是要重新擺
好。用顛倒的順序把牌一張張收回牌堆，一直收到擺錯的地方為止。
假如不曉得是在哪裡擺錯的話，就從頭再來一次吧！

洗牌和切牌的作法

洗牌指的是在一開始把牌打散。
切牌則是將牌分成好幾疊並調換順序。
記下步驟，立刻挑戰看看吧！

靜下心來洗牌

　　塔羅牌在抽牌前一定要做的動作，是先洗牌把牌打散。洗牌時，請深呼吸沉澱心靈，在放鬆狀態下進行。

　　首先請放空大腦，往逆時針旋轉淨化卡牌。傾聽自己的直覺，在覺得「洗好了」的時候停止動作，接著換成朝順時鐘的方向轉動牌堆。這時請在心裡想著問題，仔細將整副牌洗到自己滿意為止。詳細作法將在 P.73 進行說明。

整理成一疊再切牌

　　將洗好的牌匯集成一疊，像玩撲克牌一樣進行切牌。切到心滿意足之後，把牌分成三份，用跟剛才不一樣的順序疊成一疊。

　　為別人占卜時，也可以詢問對方要把哪一份放在最上面。塔羅占卜很看重偶然性，因此並沒有規定非這麼做不可。去找出自己順手的方法吧！

飛出去的牌是有意義的！

在我們洗牌或切牌的時候，偶爾會遇到有牌飛走或翻面的情況。這種牌稱為「跳牌」（jumping card），裡面隱藏著某種訊息，請先確認是什麼牌再放回牌堆。假如在牌陣中出現同一張的牌的話，就優先從它開始解牌吧！

想知道更多時，也可以再抽一張

解讀牌陣時，倘若想更進一步深入了解這個答案出現的原因或理由，也可以一邊默念追加的問題，一邊再抽一張。

占卜的步驟

1 **決定好問題和牌陣，**
讓心情保持平靜

請打造一個可以專心占卜的環境。收拾附近的
東西，鋪上占卜專用的桌巾，將場地整理妥
當。決定好問題的內容和牌陣之後，使內心歸
於平靜。也可以閉上眼睛來沉澱心靈。

2 **逆時針淨化之後，**
再接著順時針洗牌

在桌巾上將牌攤開，先用雙手逆時針洗牌。這
時請清空思緒。等到你覺得淨化好了，再改成
邊想著問題邊順時針洗牌。請對塔羅牌抱持敬
意，動作要輕柔。

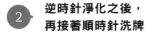
先逆時鐘洗牌！

3 **整理成一疊進行切牌，**
分成三份再重新疊一起

把牌集成一疊，用跟玩撲克牌一樣的作法切
牌。覺得切好了之後就將牌聚攏，虔誠地在內
心默念「請告訴我吧」，接著把牌分成三份。
然後再用和剛剛不一樣的順序重新疊成一疊。

4 **整理牌堆，**
決定塔羅牌的天（上）和地（下）

充分切牌以後，將牌整理成一疊，決定哪邊是
天（上）、哪邊是地（下）。如果是為別人占卜
的話，請對方決定也行。這個步驟會決定塔羅
牌的正位以及逆位。

天（上）

地（下）

5 **為了正確顯示正逆位，**
翻牌時請不要改變天（上）和地（下）

用塔羅牌擺出牌陣，按順序翻開每一張牌。這
時，為了正確翻開正位和逆位的牌，請注意翻
牌方式。為他人占卜時，請從自己看牌的方向
解牌。

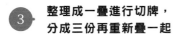

為各種疑難雜症提供簡明扼要的解答

兩張牌預言牌陣

這是一種用兩張牌來占卜的簡單牌陣。
輕輕鬆鬆就能準確地預測未來。
也會提供通往幸福未來的建言或對策。

現在／結果　　　　　未來／建議

作法

1. 洗好＆切好牌後，把牌堆成一疊，決定天地（上下）。
2. 從牌堆的最上面開始丟掉六張牌，把第七張牌擺在上圖 ① 的位置。
3. 再從牌堆最上面數六張牌丟掉，把第七張牌擺在上圖 ② 的位置。

每張牌的涵義

① 現在／結果

目前的狀態或為什麼會變成這樣，顯示結果或原因。

- -

② 未來／建議

告訴你在接受①的結果之後該怎麼做。

提問範例＆建議

　　此牌陣會為各種疑難雜症提供單純的答案，諸如「我該學習新才藝嗎」、「我可以聯絡心儀的對象嗎」、「我應該參加這個聚會嗎」等等。正視兩張牌各自代表的意義或印象，也透過他們的組合來發揮想像力吧！

目前的企畫案會成功嗎？

我在公司開始著手處理一個新的企劃案，很擔心能不能順利進行。
為了讓這個案子成功，我該怎麼做才好？

> 使用的牌　22張大阿爾克納

現在／結果　　　　　未來／建議

愚者　　　　　　　　　戀人

Answer

請重視事前準備以及自由想像。
與夥伴之間的合作是成功的關鍵。

在現在／結果出現的「愚者」是正位，代表自由、可能性及想像力。一件新的事情才正要起步，目前還處於看不到前方的狀態，不過將來應該會往好的方向發展。首先，為了不要讓自己缺乏準備，請認真制訂計畫。同時也要提醒自己，別讓框架限制了想像力。

在未來／建議出現的「戀人」呈現正位，代表協調及合作。不要自視甚高，重視與工作夥伴之間的溝通，才會有機會簽下新的契約。只要帶著熱忱繼續努力，新企畫就一定會步上軌道、大獲成功。

找個好機會到不同行業的交流會上露個臉也是一種開運行動。

對方是怎麼想的？ 鉅細靡遺地卜出他人的心聲

兩張牌心靈牌陣

這是在想了解顯意識和潛意識時，用來占卜「內心」的牌陣。
在想知道對方或自己真正的心情時使用。

顯意識 ①

潛意識 ②

作法

1. 洗好＆切好牌後，把牌堆成一疊，決定天地（上下）。
2. 從牌堆的最上面開始丟掉六張牌，把第七張牌擺在上圖 ❶ 的位置。
3. 再從牌堆最上面數六張牌丟掉，把第七張牌擺在上圖 ❷ 的位置。

每張牌的涵義

❶ 顯意識

這張牌代表對方或自己有意識到的心情。

----

❷ 潛意識

顯現對方或自己尚未察覺到的真正心意或無意識的本性。

提問範例＆建議

此牌陣會在想了解心情的時候派上用場，例如「那個人覺得我怎麼樣」，或是「我該和現在的男朋友結婚嗎」。愛情、友情、家庭或工作上的來往等等，使用範圍相當廣泛。也會在不確定自己的心情時幫忙釐清思緒，整理出真正的想法。

案例 **2**

我應該和老公離婚嗎？

我們夫妻之間的感情已經降到冰點了。目前的狀態是在同一間房子裡面各過各的，甚至連說話都很排斥。請問我該怎麼做才好呢？

> 使用的牌　22張大阿爾克納

顯意識　　世界

潛意識　　審判

Answer

新的開始已經準備就緒。
取得專家的幫助向前邁進吧！

出現在**顯意識**的正位「世界」是達成目標、萬物歸一及相互調和的牌。表面上來看，現況是花了很長一段時間所形成的結果，應該不會有更進一步的發展。

出現在**潛意識**的正位「審判」表示事情會告一段落，展開全新的開始。雖然現在就連要和對方溝通都很困難，不容易整理情緒，但你心裡其實已經有了答案。

我想你應該也已經做好心理準備，要結束現在這個冷冰冰的夫妻生活，踏出新的一步了。與離婚相關的協商若是能夠找專家或身邊的人討論，將會進行得很順利。

在想知道具體的解決辦法時提供所需的訊息

簡易十字牌陣

可以知曉眼下具體的問題以及必須克服的考驗。
適合用在想了解自己需要什麼的時候。

目前的情況

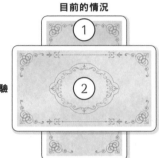

①

現在的問題／考驗

②

作法

1. 洗好＆切好牌後，把牌堆成一疊，決定天地（上下）。
2. 從牌堆的最上面開始丟掉六張牌，把第七張牌擺在上圖 ① 的位置。
3. 再從牌堆最上面數六張牌丟掉，把第七張牌擺在上圖 ② 的位置。

每張牌的涵義

① 目前的情況

顯示問題的現況、此刻的心情或可能性等等。

- -

② 現在的問題／考驗

代表必須克服的考驗、課題或需要的幫助。

提問範例 & 建議

　　此牌陣適用於想知道現在的自己需要什麼的時候，像是「我會通過甄選嗎」、「我能重新融入社會嗎」等等。接受 ① 的牌義，從 ② 確認改變現況、發展現況或邁向成功未來的方法。

我會遇見對的人嗎？

隨著年齡增長，我開始擔心自己的將來。
要怎麼做才能邂逅會使往後日子充滿希望的人生伴侶呢？

> 使用的牌　22 張大阿爾克納

目前的情況

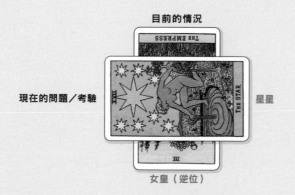

現在的問題／考驗　　　　　　　　　　　　　星星

女皇（逆位）

Answer

**檢討目前的生活，滿懷希望地精進自我。
記得要保持謙虛的態度。**

目前的情況出現逆位「女皇」，顯示出想得太簡單或很強的依賴心。儘管對將來充滿不安，卻還是抱持「船到橋頭自然直」的心態過著懶散的生活虛擲光陰，心情和生活都在朝負面的方向發展。

現在的問題／考驗的正位「星星」象徵理想，代表要珍惜繼續懷抱希望的樂觀心情。可是維持現在這種要別人來配合自己的心態，會因為對另一半的理想太高，在尋找愛情的路上磕磕絆絆。

別把自己的想法強加在別人身上，重新確認現在的自己是否具備吸引力，並且努力精進自我，成為一個配得上理想對象的人吧！切記不要自視甚高，保持謙虛的態度才能邂逅良緣。

想了解從過去、現在到未來的發展歷程

三張牌牌陣

以三張牌占卜過去、現在及未來。
用在想了解具體的問題或煩惱會隨著時間經過
發生什麼變化的時候。

過去   現在   未來

解牌重點

用心解讀出「現在」與「過去」的牌
以找出解決對策

三張牌牌陣是一種作法單純、但相對能應用在幾乎所有主題上
的全方位牌陣。解牌時,要在徹底了解過去和現在的前提之
下,解讀當事人會以什麼方式走向未來。未來的牌充其量只是
繼續維持現狀的結果。重點在於理解「未來是可以改變的」,
針對現在和過去的牌進行細膩入微的解讀。

1. 洗好＆切好牌後，把牌堆成一疊，決定天地（上下）。
2. 從牌堆的最上面開始丟掉六張牌，把第七張牌擺在左圖 ❶ 的位置。
3. 再從牌堆最上面數六張牌丟掉，把第七張牌擺在左圖 ❷ 的位置。
4. 再從牌堆最上面數六張牌丟掉，把第七張牌擺在左圖 ❸ 的位置。

每張牌的涵義

❶ 過去

表示過去的狀態或造成現狀的原因。

❷ 現在

代表目前的情況、心情或運勢。

❸ 未來

顯示經歷過去和現在，可能會在最近的將來發生的事。

提問範例＆建議

　　例如「我的運勢會如何發展」、「今後職場上的人際關係會有什麼變化」、「我以後存得到錢嗎」等等，此牌陣會配合時間的推移進行占卜。我們也可以自行設定時間長度，像是「昨天、今天、明天」或「上個月、這個月、下個月」。沒有特別設定則會顯示大約三個月的走勢。而且占卜未來不要詢問太久以後的事情，最長以一年為宜（盡量是三個月左右）。

　　此牌陣適用於想看看運勢的大致走向的時候。既能夠從過去或未來的牌解出給未來的建議，也能夠從未來的牌回顧過去或現在，因此請關注三張牌的變化過程。

案例 4

我會實現將來的夢想嗎？

我有一件想做的事。
為了實現將來的夢想，請告訴我該怎麼做。

> 使用的牌　22張大阿爾克納

過去	現在	未來

皇帝	世界（逆位）	太陽（逆位）

Answer

試著暫時停下腳步，再確認一次目標吧！
為身心充電、補充能量也很重要。

　　過去出現了代表野心、領導才能、親手奪下目標或所欲之物的正位「**皇帝**」。可見雖然之前曾經遭遇困難，你依然秉持著絕不放棄的態度，走在通往夢想的路上。

　　然而，**現在**卻出現代表不完全燃燒的逆位「**世界**」。與自信滿滿、幹勁十足的過去相比，你現在是不是因為事情的發展不如預期，覺得快要撐不下去了呢？

　　出現在**未來**的逆位「**太陽**」，暗示能量不足或過去的努力沒得到多少回報。

　　這樣下去，你有可能會迷失夢想。就想成是自己在現在這個時期缺乏實現夢想的能量，可能需要再次停下來想想，自己有沒有把目標設得太高或搞錯方向。

案例 5

我因為人際關係辭職了，
請問我該轉換跑道嗎？

即使回到同一個業界，我也不確定自己適不適合走這一行。
我應該挑戰另一種新的職業嗎？

・ 使用的牌　22 張大阿爾克納 ・

過去　　　　　　　　現在　　　　　　　　未來

力量　　　　　　教皇（逆位）　　　　審判

Answer

善用過去的經驗
去嘗試全新的挑戰吧！

　過去出現的正位「力量」代表努力和克服。

　現在出現表示規則和道德的逆位「教皇」，暗示不得已的情況或是對周遭的不滿。可見你之前明明這麼努力、這麼積極地認真工作，卻一直為了「不該如此」、「這樣下去真的好嗎」的想法苦苦煩惱。

　未來出現代表轉捩點和新的開始的正位「審判」，由此可知，那會是可以善用過去的經驗，進行某種新嘗試的大好時機。正位「審判」也有抓住機會的意思，因此醞釀已久的計畫或許會在近期實現。一邊盡力做好現在能做的事情，一邊滿懷期待地等候那一刻的到來吧！

發現阻擋你的事物，占卜過去、現在和未來

四張牌牌陣

用四張牌占卜。和三張牌牌陣很像，
差別在於在現在及未來之間插入問題／障礙。
適合用在想按時間順序為具體的問題或煩惱找出解方的時候。

過去	現在	問題／障礙	未來／結果

解牌重點

**「問題／障礙」是解法會根據問題
或情況改變的重要卡牌**

此牌陣多了一張代表「問題／障礙」的牌，可以得知是什麼成
為你解決問題的絆腳石，從而更容易找到答案。這張牌有時也
會反映願望，雖然「我想要這樣」，但現實卻並非如此，因此
可以將其視為問題所在。過於強烈的願望也可能會變成障礙，
需要根據問題或牌的內容小心辨別。

1. 洗好＆切好牌後，把牌堆成一疊，決定天地（上下）。
2. 從牌堆的最上面開始丟掉六張牌，自第七張牌起，按照左圖的順序擺四張牌。

① 過去

表示過去的狀態或造成現狀的原因。

② 現在

代表目前的情況、心情或運勢。

③ 問題／障礙

顯示必須克服的考驗或邁向美好未來的忠告。

④ 未來／結果

代表可能在最近的將來發生的事。

　　愛情、友情、家庭或工作等等，可以占卜的主題相當廣泛，譬如「我會和那個人兩情相悅嗎」、「我能和朋友去國外旅遊嗎」、「我跟姊姊吵架了，我們會和好嗎」，或是「我能調到自己想去的部門嗎」。

　　此牌陣可以隨著時間經過看出運勢的走向，掌握整體的情況。第三張牌代表在奔向光明未來的路上所必須解決的課題、可能遇到的障礙以及因應對策，會更具體地指出迎向未來的途徑。時間長短可以自行設定，請試著設定在三個月～半年內吧！

我能夠懷孕嗎？

我目前40歲，正在備孕，請問我懷得上孩子嗎？
要怎麼做才能懷孕呢？

使用的牌 22張大阿爾克納

過去	現在	問題／障礙	未來／結果

愚者（逆位）	女皇（逆位）	隱士（逆位）	正義（逆位）

解牌重點

**即使「未來／結果」沒有出現好牌，
「問題／障礙」的牌也會成為解決問題的關鍵**

當所有牌都是逆位時，我們很容易覺得「這是不是代表
未來不太明朗？」但其實未必如此。在四張牌牌陣，只
要認真解讀出現在「問題／障礙」的牌，就一定能從中
找出解決方案。縱使「未來／結果」沒有出現好牌，挖
掘出現在「問題／障礙」的部分，就會發現另一條路。
別想得太悲觀，把它當成忠告虛心接受吧！

Answer

重視與另一半之間的交流溝通，
分享彼此對懷孕的看法。

　　出現在**過去**的逆位「愚者」代表想裝作沒看見的心情或自作主張的做事態度。

　　現在出現了代表依賴或強迫他人服從自己的逆位「女皇」。雖然你目前正在準備懷孕，但是你和另一半對於生小孩的看法可能略有出入。你是不是覺得只有自己在努力，另一半並沒有在認真幫忙呢？

　　在**問題／障礙**出現逆位「隱士」，指躲在自己的保護殼裡逃避現實，或是不願接受周遭的意見，顯示你緊閉心扉，不留一絲縫隙。你默默把想法憋在心裡，與另一半缺乏溝通的情況，將有可能對生小孩這件事情造成阻礙。

　　在**未來／結果**出現的逆位「正義」代表意見不合、一意孤行或沒有交集。假如繼續這樣下去，你們會永遠無法理解彼此的心情，變成兩條平行線。

　　總的來說，現在似乎還不是懷孕的好時候。再跟另一半針對將來進行充分討論，分享懷孕的計畫或看法吧！

　　首先，坦承彼此期望的家庭樣貌或家庭觀。生小孩真的是一件好事嗎？你們沒有被普遍的價值觀牽著走嗎？仔細想想這些問題並進行一番深入的討論吧！

Hint

接納「隱士」帶來的訊息

本案例回答裡的重點在於逆位「隱士」。「未來／結果」的牌顯示維持現狀會難以達到目的，由此可知，你必須放下逆位「隱士」象徵的執著。你可能需要停止逃避現實，思考你們有沒有不生小孩、就夫妻倆過日子的選項。

深入了解當下面臨到的問題是出自什麼原因及解決辦法

金字塔牌陣

第一行一張、第二行兩張、第三行三張，
把六張牌排成像金字塔的形狀。
適用於想知道具體的問題或煩惱
是因為什麼原因出現以及解決的方法。

未來／結果

解決指引1

解決指引2

現狀

造成現狀的原因

過去／過程

作法

1. 洗好＆切好牌後，把牌堆成一疊，決定天地（上下）。
2. 從牌堆的最上面開始丟掉六張牌，自第七張牌起，按照左圖的順序擺六張牌。

每張牌的涵義

❶ 現狀
表示當下的狀況。

- -

❷ 造成現狀的原因
表示造成現在這個狀況的原因。

- -

❸ 過去／過程
顯示演變成現況的變化及過程。

- -

❹ 解決指引1
顯示打破現狀的具體對策。

- -

❺ 解決指引2
顯示打破現狀的具體對策。

- -

❻ 未來／結果
代表最終行動方針或對未來的預測。

提問範例 & 建議

　　此牌陣很適合用來解決具體的煩惱或問題，可以套用在任何主題，例如「我找得到工作嗎」、「我該如何因應孩子的叛逆期」，或是「要怎麼提升工作的動力」。我們分層來了解牌的涵義吧！首先，最下層是「現狀」。中間層是「解決問題的提示」，特徵是有兩張提出解決對策的牌。這兩張牌看是要各別從不同角度來思考，或是要結合在一起導出解決辦法都行。最上層代表「最終結果」，指具體該怎麼做的行動方針，或是情況會如何改變的預測內容。

我該搬家嗎？

我自己買地蓋了一棟房子，但發現裡面有缺陷，
住起來不太舒適。
我應該要搬去其他地方嗎？

使用的牌　22張大阿爾克納

未來／結果

星星

解決指引1　　**解決指引2**

戰車　　　　　正義（逆位）

現狀　　　**造成現狀的原因**　　**過去／過程**

吊人（逆位）　　女皇（逆位）　　命運之輪

Answer

現在搬走就輸了。
為了期待已久的新家而戰吧！

出現在**現狀**的「吊人」呈現逆位，代表對現狀感到不耐煩或是想擺爛的心情。

加上在**造成現狀的原因**出現了對於跟期待不符感到不適的逆位「女帝」。可以看出你發現房子有缺陷卻打算放任不管的態度。現在的你似乎有一點情緒化。

不過，在**過去／過程**出現的正位「命運之輪」代表機會或時機的到來，因此我認為你應該是在一個非常好的時間點搬到這裡的。

在**解決指引1**出現的正位「戰車」代表會取得勝利或盼望之物，而**解決指引2**則出現了要你最好別再含著眼淚默默承受的逆位「正義」。確實把問題反應給建設公司或施工單位，請他們進行修繕吧！若是他們不願意認真處理，也可以向消保官諮詢，就算打官司也要讓對方把房子修到好。你不該放棄這個自己翹首期盼、屬於你和家人的新家。

未來／結果出現正位「星星」，表示情況將會逐漸好轉。只要不放棄地抗爭到底，你一定會得到自己夢寐以求、溫暖舒適的家。「星星」也代表有人願意給予支持或協助的意思，說不定會出現願意與你並肩作戰的幫手，讓問題更順利地獲得解決。

Hint

「戰車」及「正義」支持你奮力一搏

金字塔牌陣是提供兩個「解決指引」的貼心牌陣。本範例的「解決指引」出現了正位「戰車」和逆位「正義」，可以強烈感受到必須對抗錯誤、撥亂反正的訊息，令人充分明白這對於讓現在的家變得更舒適是不可或缺的。

塔羅占卜的經典牌陣！從各個角度進行全方位占卜

六芒星牌陣

會用到七張牌。形狀是一個由正三角形及
倒三角形組合而成的「六芒星」。適合用來
深入了解某個問題，或占卜與特定對象的人際關係。

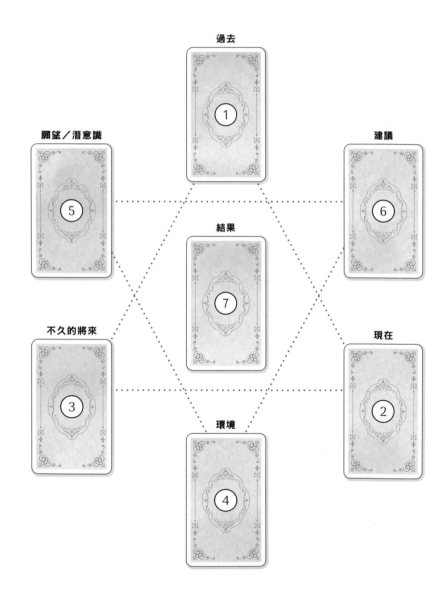

過去
①

願望／潛意識
⑤

建議
⑥

結果
⑦

不久的將來
③

現在
②

環境
④

作法

1. 洗好＆切好牌後，把牌堆成一疊，決定天地（上下）。
2. 按左圖的順序擺七張牌。❶ 和 ❹ 要從牌堆最上面數六張牌丟掉，從第七張開始擺。

每張牌的涵義

❶ 過去

顯示過去的情況。也許會包含與眼下的問題有關的觀點。

❷ 現在

顯示目前的情況。占卜人際關係時，代表「彼此的情誼」。

❸ 不久的將來

代表在不久之後的情況。

❹ 環境

代表至今為止的環境或關於未來的建議。

❺ 願望／潛意識

代表想解決問題的願望。占卜人際關係時，表示「對方的狀態或心情」。

❻ 建議

代表解決問題的對策。占卜人際關係時，指「自己的狀態或心情」。

❼ 結果

反映出整體情況。代表結果。

提問範例＆建議

此牌陣適用於已經有一個具體的問題，想詳細了解該如何解決的情況，像是「要怎麼跟上司打好關係」、「我能不能和單戀對象在一起」或「該如何改善失去交集的夫妻關係」等等。除此之外，也很適合用來占卜戀愛的發展、與特定對象合不合的來或是要如何解決衝突等人際關係的問題。

第一張～第三張牌連成的正三角形代表「時間的推移」。第四張～第六張牌連成的倒三角形代表「解釋」，正中間的第七張牌則是「整體結果」。此牌陣可以應用在包含戀愛在內的所有人際關係。請重視每張牌本身代表的涵義，同時也務必留意牌與牌之間的發展過程或共通主題。

我很擔心自己以後會不會發生財務困難。

我一直存不到錢。對金錢的不安全感總是困擾著我，
使我心力交瘁。請問我該怎麼辦？

使用的牌 22張大阿爾克納

過去

願望／潛意識

建議

太陽（逆位）

結果

世界（逆位）

戰車（逆位）

不久的將來

現在

女皇

皇帝（逆位）

惡魔（逆位）

環境

死神（逆位）

Answer

調整收支平衡，訂定財務規劃，
從而改善與金錢的關係。

過去出現了代表奢侈浪費或對自己太好的逆位「太陽」。看來你以前沒什麼理財觀念。就算覺得買太多了，你是不是依然順著當下的氣氛付了錢呢？

但是，出現在**現在**的逆位「惡魔」表示你已經發現原因出在自己身上或放下了執著。過去那個揮霍無度的你，最近似乎開始意識到不能再這樣下去了。

出現在**不久的將來**的逆位「皇帝」在暗示驕傲自大或是有錢也會花個精光。

而且**環境**還出現逆位「死神」，代表依依不捨或重蹈覆轍，可以看出繼續過著一如既往的生活，可能遲早有一天會坐吃山空。

出現在**願望／潛意識**的逆位「世界」顯示情況會發生一八〇度的轉變，可以感受你想要徹底改變現狀的念頭。

接著，出現在**建議**的「戰車」呈現逆位，代表你在省錢等的計畫上敷衍了事，或者是需要重新評估。

從現在開始轉換心情，重新調整收支平衡吧！從儲蓄或投資這些可以就近著手的事情開始應該會是不錯的選擇。

結果的正位「女皇」代表物質上的滿足或富饒，可見認真做好理財就會有安定的生活，能夠與金錢建立良好的關係。

Hint

解決問題的對策請參考倒三角形

可以看到結果以逆位居多，就整體印象來說，財運並不明朗。六芒星牌陣要從「願望／潛意識」、「建議」和「環境」組成的倒三角形尋求解決問題的方法。就本案例而言，這三張牌呈現出雖然情況不會立刻好轉，只要在省錢等方面一點一滴慢慢努力，就會有安穩的幸福生活在等著你。

為他人占卜的
三個基本注意事項

塔羅牌是一種很依賴感性的占卜方式。
最重要的是在正確傳遞牌義的同時貼近對方的心情。

人的煩惱五花八門，每個人都不盡相同，但無論是什麼煩惱，要「如何傳遞」塔羅牌的訊息，取決的都是占卜者的感性。

盡量問清楚對方的具體情況

倘若不明白塔羅牌所指何意，也可以試著問問對方：「出現了有這種意思的牌，你有什麼頭緒嗎？」因為出現的牌一定是有意義的。雖然在剛開始的階段會覺得非常困難，但只要能正確解讀就會百發百中──這就是塔羅牌。

不要強迫別人接受自己的價值觀

在轉述結果時，也要記得我們有可能會無意識地帶入自己的價值觀。比方說，在接受跟外遇有關的諮詢時，認為「外遇不好」的人可能會建議對方別這麼做；而覺得「外遇也是一種交往方式」的人，則可能會以正面的說法告訴對方即將展開一段新的戀情。

貼近對方的心情，傳遞正向的訊息

如實告知牌義固然重要，但出現不好的結果時，「結果不好，你還是放棄吧」跟「可能會很困難，不然你試試看這樣做吧」，這兩種表達方式會給予聽者截然不同的印象。塔羅牌展現的是「維持現狀的結果」，因此未來有無限多種改變的可能性。替他人占卜時，為了讓對方能迎接光明的未來，應該要盡可能傳遞正向的訊息。

3 章

56張小阿爾克納
牌義解析

小阿爾克納由四種花色（符號）組成，
認識這些牌的圖案與涵義，會讓我們對塔羅牌產生更多興趣。

小阿爾克納的基本介紹

小阿爾克納由56張風景更貼近日常生活的數字牌與人物牌組合而成。
搭配數字、人物、花色（符號）的各別意涵及特徵來解牌吧！

※小阿爾克納原本也有逆位的解釋，但由於本書是專為初學者設計的書籍，故皆以正位進行解讀。

內容更細膩且貼近生活的56張牌

在總數78張的塔羅牌當中，扣掉22張大阿爾克納，剩下的56張就是小阿爾克納。像撲克牌一樣，小阿爾克納分成權杖（Wand）、聖杯（Cup）、寶劍（Sword）及錢幣（Pentacle）四種「花色」（符號），每一種花色有14張牌，分別是編號A（Ace）到10、叫作「數字牌」的10張牌，以及畫著侍從、騎士、皇后和國王，被稱為「宮廷牌」的4張人物牌。

相較於圖像充滿神祕感、富含暗示性的大阿爾克納，忠實呈現世人日常的小阿爾克納應該稱得上是更容易產生共鳴的牌。

在塔羅占卜當中，代表1的A到10數字、國王和皇后等人物以及四種花色（P.100）全都有不同的涵義與特質，要組合各種元素來解讀牌義。

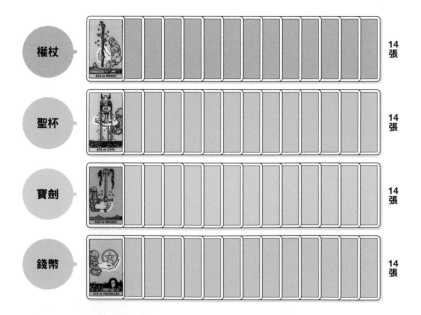

		14張
權杖		
聖杯		14張
寶劍		14張
錢幣		14張

花色是構成世上萬物，四大元素的符號

花色是建構這個世界的四大元素的象徵符號，各個都具備特色鮮明的性質。權杖象徵火，代表「熱情和能量」；聖杯象徵水，代表「感情、愛情和情緒」；寶劍象徵風，代表「思考和知識」；錢幣象徵土，代表「物質與金錢」。

每一種符號相生、相剋，形成彼此互相影響的關係。例如火和水是會互相抵銷的相剋、風會助長火勢、水會滋潤大地等等，了解他們之間的關係和相容性，解釋起來會更容易。

四大元素的相對關係

權杖

火

關係薄弱　　　相生

錢幣

土　　　相剋　　　風

寶劍

相生　　　關係薄弱

水

聖杯

數字牌上有數字標記，宮廷牌上畫著人物

A到10的「數字牌」以猶太神祕學「卡巴拉」（Kabbalah）為基礎，為每個數字賦予意義（P.158～P.160）。在畫有人物的「宮廷牌」中，侍從是未成年、騎士是年輕人、皇后是女性、國王是男性，有時也代表日後會遇到的人物或內在性格（P.161）。

結合這些數字的意義、人物形象以及花色的特徵，便會得出更有深度的解牌結果。

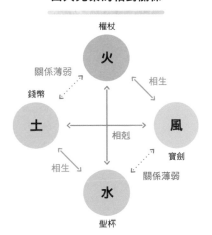

10張

數字牌

侍從　　騎士　　皇后　　國王

宮廷牌

四種花色

四種花色是小阿爾克納的一大特徵，
不但擁有構成這個世界的四大元素——火、水、風、土的特質，
還與驅使人類行動的四個原理有關。

WAND〔權杖〕

最活力充沛、
純粹且充滿熱情的符號

象徵「火」的權杖（棍棒）相當於撲克牌的梅花。人類最早握住的棍子或手杖也被用來禦敵、狩獵或生火，被認為是一種最原始也最單純的工具。「權杖」象徵純粹的能量、飽滿的力氣、生命力、熱情和行動力這些往前邁進的強大力量。權杖牌會在心存迷惘或希望有人推自己一把的時候成為我們的靠山。

CUP〔聖杯〕

盛裝搖曳蕩漾的流水，
愛情與情緒波動的象徵

象徵「水」的聖杯（杯子）相當於撲克牌的紅心。水會隨著容器變幻自如地改變形狀，彷彿像是要體現出人心的樣貌。聖杯象徵愛情、情感以及情緒波動，同時也有接納這些的包容、療癒等等的意思在裡頭。「聖杯」代表愛情、情感、溫柔等純粹而溫暖的心理動態，同時也代指藝術性或美感。

SWORD 〔寶劍〕

代表象徵智慧與思考的利劍 所具備的強悍和正義

風

　象徵「風」的寶劍（長劍）相當於撲克牌的黑桃。相較於用砍下來的樹枝做成的權杖，寶劍是人類運用智慧和技術製造出來的工具。因此寶劍象徵知性、語言及思考等人類社會的進步本身。而兼具武器功能的「寶劍」還蘊藏了傷害對方的危險性，顯示文明或知識也會根據用法的不同帶來便利或造成危害。

PENTACLE 〔錢幣〕

表現物質價值或地位等 肉眼可見的充實富足

地

　象徵「土」的錢幣（金幣）相當於撲克牌的方塊。錢幣又稱「硬幣」（coin），象徵金錢、財產、工作、地位、技術等生存所需的物質性和實質性的事物。人類一面創造財富，用金錢交換各種物品，一面腳踏實地地維持生活。「錢幣」栩栩如生地呈現人類努力求生、表現出喜怒哀樂的模樣。

權杖 A
ACE of WANDS

透過躍動的能量展開故事

　　一隻巨手用力握著一根象徵熱情和生命力的權杖（棍棒）。也能被視作神之手的巨大手掌綻放光芒，權杖也冒出翠綠的新葉，令人對即將展開的故事或創造的能量充滿期待。這張牌暗示會有一個強而有力的開頭，例如從零開始打造某件事物，或是找到可以投注熱情的目標。

塔羅牌的訊息
Message

Keyword >>> 熱情洋溢的開始

創造／出發／純粹／熱情／直覺／誕生／能量／幹勁／開始

現在／結果	往目標全力衝刺／能夠積極地處理事情／精力旺盛／維持動力／朝新的階段發起挑戰	未來	在新天地出現好轉的前兆／為新的事情揭開序幕／達成目標的機會從天而降／人生的轉機／新的邂逅／誕生
過去／原因	直覺靈敏／湧現樂觀積極的想法／沒辦法選出一個／不能把靈感整理成具體的計畫／目不暇給	建議	不要空有想法卻毫無作為／不畏失敗，付諸行動／帶著熱情去做／相信自己的直覺／展現光明磊落的態度
戀愛	為愛燃燒熱情／痴迷到看不見周圍的情況／靠結婚抓住幸福	人際	親切友善的應對／多方交流／頻繁聯繫／培養友誼／人際關係圓滿融洽
工作	有滿滿的鬥志／團隊會團結一心／工作會順利進行／優秀的企畫能力才是關鍵	金錢	收入變多／為實現目標存錢／學習省錢的技巧／擁有創造力

幸運物＆開運行動

Lucky color
珍珠白
這種高雅的白色源自珍珠。用在單一配件也有很好的效果。

Power Stone
石榴石
增強勇氣、希望和能量，召喚勝利及成功。

權杖 2
TWO of WANDS

掙扎該繼續前進或就此止步

　　一名頭戴紅帽、身穿紅披肩的男子拿著地球儀和權杖,從某個很像城堡的地方眺望遠方。他站在高處把地球儀握在手中的模樣,看起來像是在取得成功的同時,遙想著下一步的野心。好似在表現「該進還是該停」、「要恪守理性或流於感性」等等,在兩個選項之間游移苦惱的心理狀態。

塔羅牌的訊息
Message

Keyword >>> 往更高的目標前進

選擇／發揮引導力／預測遙遠的未來／躊躇／龐大的影響力／社會上的成功

現在／結果	擺脫現狀／腳踏實地地朝目標前進／以令自己滿意的環境為目標／出現掌握成功契機的徵兆／天賜良機	未來	實際採取行動／發揮領導才能／達成目標的成就使自己產生信心／萌生想要更上一層樓的心願
過去／原因	釐清目的／確定方向／過度相信對自己的能力／錯誤的認知／對巨大的影響力毫無自覺／拓展視野的時機	建議	認同自己的努力／也將目光投向周遭會打開新的道路／面對責任或義務／抬頭挺胸,充滿自信／把目標設得高一點
戀愛	拼命邀請心儀對象約會／出乎意料的對象跟自己告白／認真交往／計畫要共度將來的戀愛	人際	能互切磋琢磨的關係／信心十足的人／將來大有可為的人／藉由贈禮加深情誼／深刻的友誼
工作	做出成果／得到與評價相符的位置／開闢新的道路／擬訂計畫	金錢	籤運上升／順利籌措資金／意外的收入／幫手會聚集到身邊

幸運物 & 開運行動

Lucky color
暗紅色

用深沉的紅色喚醒深藏於心中的熱情。

Power Stone
青金石

保護我們不被看不見的負能量影響。

權杖 3
THREE of WANDS

動身前往下一個計畫的時刻

　　牌面上畫著一名佇立於高台之上的男子，面對著散發金黃色光芒的大海及天空。載滿大型貨物來來往往的船隻是他的所有物，顯示他的事業已經有一番成就。這張牌代表「新的目標」、「實施計畫」或「出現協助者」等等，暗示帶著充分的準備、邁開步伐前往下一個階段的時機來臨了。

塔羅牌的訊息
Message

Keyword >>> 邁進一大步

結果／期待感／追求理想／朝目標邁進／獲得一定的成果／展望

現在／結果	預期會有更上一層樓的發展／事業擴大／等候好消息／充滿期待／取得援助的機會／採取行動時要有計畫地進行	未來	令人開心的喜訊／之前採取的行動會開花結果／可以獲得自己想要的結果／出現幫手／與另一半建立良好的關係
過去／原因	過於縝密的計畫／沒有抓到同樣的時機／無法順利獲得協助／找不到機會，還在嘗試摸索的狀態／覺得事情陷入停滯	建議	保持正向思考／關注事情好的一面／開始尋找協助者／毫不浪費地活用過去培養的經驗
戀愛	和喜歡的人修成正果／加深感情／展開新戀情的機會／步入禮堂的戀情	人際	志趣相投的關係／團結力才是成功的關鍵／流暢的團隊合作／遇見好幫手
工作	商機／取得融資／展開新事業／新的契約／出現幫手	金錢	達成目標金額的預兆／在努力的最後贏得財富／開始為了新的目標存錢

幸運物 & 開運行動

Lucky color
葉綠色

宛若初出嫩芽的綠色。帶來年輕、成長的印象，使心態變得樂觀積極。

Power Stone
綠玉髓

使我們看清楚該做什麼才能實現目標，提升比賽中的運勢。

權杖 4
FOUR of WANDS

結束一個階段休息片刻

　　四根權杖被人用果實與植物進行裝飾，對面則有兩個人高舉花束，好似在表達歡迎之意。這張牌代表至今為止的努力付出或認真參與的工作會告一段落，取得一定的成果，並且進入一段休養身心的時期。要想前往下一個階段，在這裡放鬆一下、好好養精蓄銳也是有必要的。

塔羅牌的訊息
Message

Keyword ﹥﹥﹥ 心靈的豐收時刻

安定／內心的安寧／精神上的喜悅／充實／自由／告一段落／和平的日常生活

現在／結果	一帆風順／煩惱的根源消失無蹤／鬆開繃緊的神經，稍微喘口氣／有一個美好的邂逅／發生令人開心的事／和諧融洽的氣氛	未來	出現一定的成果／進入收穫時期，事情告一段落／獲得成就感／可以由衷為他人的幸福感到喜悅／內心滿是祝福／平靜的每一天
過去／原因	事情一件接著一件發展／過於放心／自以為一切都很順利／擅自把事情想得太美好／解脫的感覺導致疏忽大意	建議	用很有個人風格的事情轉換心情／透過適當的休息來提振精神／沒辦法好好整理思緒的時候就不勉強自己／靜下心來
戀愛	新戀情的開始／穩定發展的愛情／和婚禮很有緣／待在一起會覺得很放心的對象	人際	可以做自己／和樂融融的關係／在危機時刻袒護自己的人
工作	順利完成目標／工作很充實／讓自己很滿意的工作內容／申請到長假／穩定的工作環境	金錢	收入順利增加／有望獲得令人開心的額外收入或獎金／意外撿到便宜

幸運物 & 開運行動

Lucky color
玫瑰粉

讓持有者更積極面對人際關係，提升行動力。對迎接新挑戰也有很好的效果。

Power Stone
紫黃晶

這種能量石會帶來財富與繁榮，並使金錢或人際關係的問題得到解決。

權杖 5
FIVE of WANDS

不惜一戰也要切磋琢磨

　　牌面上畫著五個人各自揮舞手中的權杖，打得不可開交的模樣。他們每個人的衣著打扮和面對的方向都不一樣，但卻沒有感受到任何的惡意或憎恨。這張牌也可以解釋成為了上進心或各自的主義、主張切磋琢磨。打完這場架之後是會備受鼓舞？還是只會徒留空虛？結果取決於你的理解方式。

塔羅牌的訊息
Message

Keyword >>> 燃起熊熊的鬥志

對立／考驗／主張／內部分裂／無謂的爭執／不滿足於現狀／商議討論

現在／結果	藉由戰鬥贏得成功／有絕不讓步的堅持／接受改變／勝負已定／互相表露真實想法的時機	未來	更上一層樓的可能性／對下一個階段的渴望／努力不懈／出現好對手／能夠切磋琢磨的關係／團體內部的競爭
過去／原因	不滿足於現狀／為了更高的目標奮發向上／缺乏對他人的關心／講話太直接／沒有相應的實力／不夠冷靜	建議	透過明確的主張充分地表現自己／直截了當的意見會更容易傳達給對方／選擇用簡單的話來說／充滿挑戰精神
戀愛	同時出現好幾個戀愛對象／不打不相識／對理想的結婚對象有所堅持／橫刀奪愛的預感	人際	討論逐漸白熱化／從意見的對立演變成衝突／有出現輕微爭執的風險／不需要客氣的關係
工作	為了讓案子過關努力奮鬥／在會議上或進行簡報時展現存在感／帶來益處的意見交換	金錢	對金錢產生貪念／為了調漲薪水發起抗爭／為理想與現實之間的落差而痛苦掙扎

幸運物&開運行動

 Lucky color
紫色
有安撫情緒的效果，幫助我們沉澱心靈。

 Power Stone
黃鐵礦
以敏銳的天線接收資訊，提升工作運。還會彈開不好的電波。

權杖 6
SIX of WANDS

迎來捷報的時刻

　　一名身穿紅色衣服的男子騎著白馬,在他的頭頂和權杖前端各有一頂用月桂樹編織而成的桂冠。後面跟著好幾名隨從的男子應該正在進行一場勝利的遊行吧。這張牌是獲得周遭的認可、傳來喜訊的徵兆。然而一旦疏於努力,就會像用布遮住脖子以下的紙糊馬一樣原形畢露。

塔羅牌的訊息
Message

Keyword >>> 帶領周遭的能力

領導／成功／主導權／努力有所回報／喜訊／團隊合作／贏得比賽

現在／結果	立下一個明確的目標並獲得成就感／被滿足的感覺團團包圍／心靈獲得滿足／晉級／傳來喜訊的前兆	**未來**	能夠贏得競賽,站上有利的位置／得到條件很好的職位／貫徹自己的作法取得成功／得到他人的關注／不被規則綁住手腳
過去／原因	掌握主導權,讓事情順著自己的意思進行／違背自己的意願,因為不好的原因引人矚目／稱讚成為招人嫉妒的種子／自我意識過剩／自我滿足	**建議**	唯有獲得周圍的協助才能成功／團結一致才是關鍵／發揮領導能力／帶著自信去挑戰所有事情
戀愛	戀愛開花結果／戰勝情敵,獲得愛情／戀情進展順利／高嶺之花	**人際**	能夠同心協力／得到領導者的推薦／可以組成很棒的團隊／會有更多的同伴／友情
工作	談成一筆大生意／做出令自己滿意的成果／坐上重要的職位大顯身手	**金錢**	獲得資助者豐厚的援助／關於金錢方面的擔憂會不見／可以存到預定金額

幸運物＆開運行動

**Lucky color
橄欖綠**

帶來協調與和諧,加深與同伴之間的信賴關係。

**Power Stone
髮晶**

對助長財運很有效。網羅知識、人脈並提升品格。

權杖 7
SEVEN of WANDS

藉由不停戰鬥來維持現狀

　　圖中畫著一名男子緊握權杖，奮力抵抗從自己的腳邊漸漸逼近的六根權杖。由於另外幾根權杖並沒有碰到他，可以得知他站在比周圍還要高一點點的位置。這張牌代表勇敢無畏地奮戰到底，才能守住目前處於優勢的立場或達成目標。同時也暗示從現在開始會變得愈來愈忙。

塔羅牌的訊息
Message

Keyword 〉〉〉 善用優勢

鬥志／優勢／孤軍奮戰／拼命／守備固若金湯／維持現狀／極為忙碌

現在／結果	挑起勝負的絕佳時機／勇於迎戰／可以讓自己的主張確實獲得認可的狀態／貫徹信念，絕不妥協／深信不疑	**未來**	能夠讓情況變得對自己有利／堅守自己的立場／讓身邊的人跟隨自己／可以自由決定／能夠達成目標／對全體發號施令
過去／原因	英雄無用武之地／對有利的情況過度自信／對自己的立場感到不安，導致情況難有進展／沒有徹底發揮主導權	**建議**	相信自己的才能／拉攏身邊的人，獲得龐大的力量／利用立場讓事情的進展對自己有利／毫不吝嗇地使用權限
戀愛	用熱烈的追求打動對方的心／不害怕失戀的強大心靈／對戀愛或結婚絕不妥協	**人際**	不管情況如何都要做好該做的事／抓住對話的主導權守住立場／有無法退讓的事物
工作	保住位置／帶著信念工作／在簽約或交涉上要不屈不撓地討價還價	**金錢**	為了穩定的收入工作／維持現狀／對現在的工作感到滿足／購物時嚴禁打腫臉充胖子

⚡ 幸運物 & 開運行動

 Lucky color
靛藍色
這種深藍色象徵深思熟慮。重新審視內心，認清真相吧！

 Power Stone
坦桑石
思緒清晰，看見前進的方向，找到解決問題的辦法。

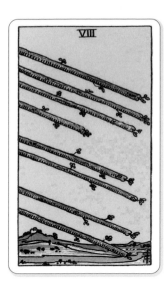

權杖 8
EIGHT of WANDS

追上急速變化的情況

　　牌面上畫著八根權杖穿越視線正前方，好似要遮住陽光和煦的田園風景。這張牌並沒有畫出人物，代表情況發生突如其來的劇變，或是有必要對此做出反應。對權杖移動方向的看法也會導致判斷出現分歧，覺得權杖在往上移動代表前進，往下準備降落到地面則代表抵達終點。

塔羅牌的訊息
Message

Keyword >>> 迅雷不及掩耳的變化

發展迅速／動作飛快／令人眼花撩亂／加速／出乎預料的機會／把握機會

現在／結果	一轉眼情況就有了進展／快速的發展過程／不因瞬息萬變的情況畏縮不前／一切都會好轉的前兆／順勢而為	未來	能夠釐清問題／事情會繼續發展下去／迎來令人高興的發展／事情快速發展，被催促要盡快做出決定／新的道路會為你敞開
過去／原因	絕佳的機會／對迅速的發展感到混亂／被氣勢壓倒／出現各式各樣的課題／用錯誤的方式處理／調適心情	建議	拋開迷惘／下定決心投入其中／相信自己的運氣往前邁進／順應情況隨波逐流／不要抗拒發生的事／以坦率的心情面對
戀愛	始於一見鍾情的戀愛／戀情迅速發展／關係很快就變得非常親密／有可能會閃電結婚	人際	突然收到老同學的聯絡／意氣相投，很快就變成很好的朋友／與周圍的關係會發生變化
工作	收到調職通知／獲得出人頭地的機會／以飛快的速度處理工作／營業額上升	金錢	靠自己持有的股票獲利／立刻採取行動／存款愈來愈多／突然收到匯款或支付款項

幸運物 & 開運行動

 Lucky color
抹茶色
蘊含著以一顆堅定不移的心，全心全意地朝目標前進的力量。

 Power Stone
天河石
為自己帶來自信。適合總愛拿自己和周遭比較的人。

權杖 9
NINE of WANDS

重要的是臨危不亂的氣魄

　　一名男子用一根權杖支撐著身體，臉上露出的表情既像是做好萬全準備在等待著什麼，又像是在提防敵人的進攻。在他身後有八根權杖一字排開。令人感受到為了防禦或戰鬥進行準備，打算堅守到最後一刻的強烈意志。雖然會拖慢動作並降低攻擊力，但現在是冷靜下來貫徹防守的時刻。

塔羅牌的訊息
Message

Keyword　>>>　**不屈服的堅定意志**

警戒／防禦／抵抗／準備充足／延遲／尋找機會／盡人事

現在／結果	用盡各種手段打破現狀／伺機反轉局面的時刻／必須為將來做好準備／必須小心的情況
過去／原因	難以預期事情的發展以至於無法採取行動／進展不如預期／拖著問題不處理／小心謹慎反而讓自己動彈不得
戀愛	絕不妥協，堅持要守護這段戀情／不可小覷的情敵／撐過衝突／痛苦的婚姻生活／抱持不信任感
工作	在嚴峻的情況之下也要竭盡所能去做／貫徹自己的做事風格／重要的是預測事情發展並掌握現況

未來	面對並排除危機／在現況下苦撐，尋找解決問題的線索／鍥而不捨的心／活用過去的經驗／做好萬全的準備
建議	事先做好充分的準備／把過去的經驗當成養分／失敗為成功之母／多留意舊傷／生病要及早治療
人際	無法隨便離開群體／為了解決問題全力以赴／讓人很有壓力的對象
金錢	感受到收入來源的極限但勉強苦撐／就算情況艱困也絕不妥協／維持生活水準

幸運物&開運行動

Lucky color
炭灰色
讓人變得更獨立。維持強悍的意志與堅毅的心。

Power Stone
藍晶石
提升直覺反應力與洞察力，保護持有者免於危險。

權杖 10
TEN of WANDS

即使背負重擔也要繼續前行

　　牌面上畫著一名男子扛起十根權杖，準備搬到位於遙遠彼端的城鎮。從甚至無法直視前方、只是心無旁騖地搬運貨物的男子身上，可以感受到巨大的重擔、壓力以及責任感。這張牌代表憑藉自己的意志接下需要承受許多負擔的工作，也可以解釋成是在對過度努力提出警告。

塔羅牌的訊息
Message

Keyword >>> 對抗壓力的戰鬥

重擔／吃苦／社會責任／負擔沉重的工作／能力不足／馬不停蹄地前進

現在／結果	即使遇到棘手的情況也沒有求助／徹底累壞了／帶著尚未解決的課題動彈不得／沒有多餘的心力／快被壓力擊潰	未來	堅持下去就會勝利／費盡千辛萬苦終於達成目的／太過努力導致溫度過熱／不打算靠自己解決問題／需要他人的幫助
過去／原因	猜想情況會遭遇重重困難／負擔慢慢地愈來愈重／什麼都要管，導致情況無法收拾／認真的態度反而造成反效果	建議	透過與身邊的人商量找出活路／心情變得比較輕鬆／分配工作，讓事情進行得更有效率／預防事故發生／不要什麼都答應人家
戀愛	消耗精神的戀愛／難以維持這段戀情／被迫負起責任與對方結婚／陷入苦戰	人際	對他人的過度期待感到很有壓力／有人把難以解決的問題推給你／無法逃避的責任
工作	滿是壓力的工作／過度操勞／出於責任感承擔工作／被工作束縛	金錢	為了籌錢四處奔走／難以償還的借款／設定能不能達成還是未知數的計畫

幸運物 & 開運行動

 Lucky color
馬卡龍粉
帶來滿滿的充實感，讓心情自然變得溫柔起來。添加女人味。

 Power Stone
黃水晶
為戰勝壓力的強大內心提供支持，消除不安。

111

權杖侍從
PAGE of WANDS

來自年輕使者的佳音

　　以金字塔為背景，一名年輕男子定睛凝視著權杖頂端。這位身著火精靈沙羅曼達（Salamander）圖樣的服裝、似乎正在旅行的男子是帶來某個消息的使者。他意氣風發的模樣令人覺得會是一個值得高興的好消息，然而正因為是尚未成熟、缺乏經驗的年輕人，有時才更需要借助年長者的智慧。

塔羅牌的訊息
Message

Keyword >>> 對將來的期待

喜訊／前進未來的一步／值得信賴的人／優秀的後輩／對現實的熱忱

現在／結果	帶著上進心前進／湧現幹勁／積極進取／會遇到左右未來的機會／進行得很順利	未來	會收到好消息／會有人告訴你想知道的事／機會降臨到自己身上／拿出真本事／可以帶著滿滿的活力採取行動
過去／原因	懷抱著巨大的野心／受到熱情的驅使／陷入盲目的狀態／像小孩子一樣愛做白日夢／既單純又不成熟的思考方式／欠缺考慮	建議	面對眼前的事物／別去想多餘的事／以坦然的心情接受／不管好的或壞的意見都要虛心接受指教
戀愛	新的邂逅／年紀比自己小的對象／如朋友般輕鬆愉快的關係／享受戀愛	人際	以爽朗的模樣吸引同伴／能夠互相砥礪、激發上進心的友情／建立信賴關係／愉快的交談
工作	集中精神使工作事半功倍／保持積極的態度／胸懷野心／朝國外發展	金錢	在自己身上花錢不手軟／為了更上一層樓進行投資／收到關於金錢方面的好消息

幸運物＆開運行動

 Lucky color
赤陶色　源自陶器的顏色。帶來腳踏實地、穩固可靠的印象。

 Power Stone
太陽石　以強大的能量營造出新氣象，提升統御力和信賴度！

權杖騎士
KNIGHT of WANDS

滿腔熱血的騎士所奔赴目的地

　　一名身披戰甲的騎士正跨坐在一匹看起來性情激烈的馬兒背上整裝待發。橘色鬃毛的坐騎被畫得動感十足，動作活靈活現，表現出牠的熱情與急躁的性格。儘管現在是可以心無旁騖地朝目標邁進、積極採取行動的時期，但是要注意別因為專斷獨行引發周遭的反感或三心二意。

塔羅牌的訊息
Message

Keyword >>> 對挑戰的野心

新的出發／衝動的／熱情／上進心／全力衝刺／打破現狀／三分鐘熱度

現在／結果	出發前往新天地的時刻／可能會調離目前的工作單位或地點／懷抱希望／精神抖擻地行動／燃燒鬥志／被不可思議的緣分所吸引	未來	在充滿熱忱的狀態下付諸行動／遇見有影響力的人／挑戰精神旺盛／到處走、到處去，不會停留在一個地方
過去／原因	被渴望冒險的心情驅使／態度變得積極，想要採取行動／幹勁十足／與滿腔熱血相反，缺乏計畫性／做事魯莽／逃避思考	建議	不要考慮後果／趁有體力的時候展開行動／改變心態才是關鍵／具備就連身邊的人都能感受到的熱切心意／不要害怕失敗
戀愛	把最真實的心情坦誠相告／積極進攻／在旅行中邂逅新的對象	人際	有相同波長的人／在旅行等情境下與夥伴玩得非常熱絡／忽然很合得來／積極拉近距離
工作	挑戰新事業／在銷售上會有好事發生／與對手進行一番激烈的競爭之後成功獲勝	金錢	花錢不顧後果／恐怕會被當下的氣氛影響，順勢就付了錢／為達成目標金額竭盡所能

幸運物＆開運行動

Lucky color
土耳其藍
產生親切感，增進溝通能力。

Power Stone
貴橄欖石
找到屬於自己的全新道路，幫助我們擺脫負面情緒。

權杖皇后
QUEEN of WANDS

帶動周圍的樂觀開朗

右手握著權杖、左手拿著一朵向日葵的皇后坐在她的寶座上。從象徵生生不息和活潑開朗的向日葵以及雙腳大開的坐姿可以看出，她是一位熱情奔放又有行動力的皇后。這張牌是寬宏大量、善於照顧人這些溫柔善良的特質受到矚目的預兆。只不過，還需留意太過情緒化的行為。

塔羅牌的訊息
Message

Keyword >>> **值得依靠的存在**

心胸寬闊／為人親切／情感豐富／內心堅定／光采動人的魅力／像姊姊一樣的氣質

現在／結果	因為運氣而備受依賴／很有人望／具備領袖特質／積極參與社會活動／可以說出真心話／能夠做自己	未來	在旁人的襯托之下嶄露頭角／因為寬宏的氣度受人景仰／深受依賴／體貼他人的痛楚／設身處地地思考
過去／原因	造福他人的行為／想要派上用場／犧牲奉獻的精神／覺得自己可以做到任何事／羨慕的眼光會招來嫉妒／什麼都會但什麼都不專精	建議	保留內心的餘裕／不要太拼命／放鬆肩膀的力氣／認真傾聽別人的意見／對他人的建言心懷感謝／做自己認為對的事
戀愛	使人看不清周圍的炙熱愛情／深深吸引自己的對象／無微不至地照顧對方	人際	積極正向的人際關係／與他人相處時，以樂觀開朗為座右銘／傾聽別人的煩惱／建立信任
工作	做出優秀的業績／高效率的工作表現／兼顧工作與生活／找到努力工作的意義	金錢	獲得所需的收入／在金錢方面變得游刃有餘／得到相應的報酬／盛情款待

幸運物 & 開運行動

 Lucky color
鮭魚粉 — 代表充滿包容力的愛，提升結婚運和家庭運。

 Power Stone
海藍寶石 — 強化與交往對象的緣分或連結，帶領你們走向婚姻。使家庭幸福美滿。

權杖國王
KING of WANDS

以強大影響力統率眾人的國王

頭戴火焰型王冠、身披動物毛皮的國王淺淺地坐在一張有火精靈沙羅曼達以及獅子圖案的寶座上面。從那彷彿下一秒就要揮軍出征的氣氛當中，可以窺見他的野心和欲望，渾身散發出王者的風範。他是一位深受旁人信賴的領袖。這張牌象徵不把困難或阻礙放在眼裡、勇往直前的能量。

塔羅牌的訊息
Message

Keyword ››› 滿溢而出的能量

站在最前面／行動力／風範／上進心／領導才能／執行力／熱情／領袖氣質

現在／結果	內心可以從容不迫／能夠在生意場上展現能力／出現有利的情況／可以大步向前／對未來充滿信心的情況	未來	坐上伴隨龐大責任的職位／成為領導者／爬到組織裡面最高的位置／能夠正確地率領大家／挑戰新的事物
過去／原因	勇敢的行為／震撼周遭的人／藏著某種野心／問題在於做事的方法本身／高壓的態度導致身邊的人離你而去	建議	帶著堅定的意志立於眾人之上／需要保持謙虛的態度／擁有堅定不移的中心思想／有建設性地思考／必須賦予他人安全感
戀愛	充滿熱情又能互相體諒的戀愛／帶領對方前進的戀愛／與工作能力很強的對象結婚	人際	被他人依賴／成為團體的中心／受到所有人的愛戴／讓彼此變得更好的關係
工作	懷抱開創新事業的野心／擁有出類拔萃的能力／在做簡報時一展長才／被提拔為領導者	金錢	為了抓住機會的投資／在關鍵時刻大膽出手／毫不手軟地花錢

幸運物 & 開運行動

Lucky color
紅色

對提升幹勁和能量有很好的效果。凡事都要積極以對！

Power Stone
紅寶石

對任何事情都躍躍欲試，有助於增強領袖特質和魅力。

聖杯 A
ACE of CUPS

源源不絕的情緒波動

聖杯（杯子）象徵四大元素的水，而水則代表愛情或情感。一隻巨手托著一個聖杯，水從杯中湧出，注入漂浮著蓮花的水面。這張牌暗示純粹的愛情或思念從心中一湧而出，展開一段全新的關係，或某件使你傾注熱情的事。順應自己內心的想法去做，事情應該就會開始往好的方向前進。

塔羅牌的訊息
Message

Keyword >>> 源源不絕愛的力量

幸福／藝術性／和平／純潔的愛／精神上的滿足／發揮感性／療癒

現在／結果	令人無比滿足的運勢／內心因喜悅或幸福而感到充實／心有靈犀／能夠比平時更坦率／獲得精神上的滿足	**未來**	和平與幸福將會降臨／找到能夠沉醉其中的事物／會發生某件事情讓你感受到愛的存在／鍛鍊出優秀的美感／在創作的領域發光發熱
過去／原因	毫無保留地投注愛情與關懷／無法壓抑情緒波動或愛意／直截了當地表達自己卻造成反效果／藏不住的願望	**建議**	珍惜那坦率而純粹的心意／時時刻刻都不忘感恩的心／事先與周遭建立緊密的關係／別害怕表現自己
戀愛	新認識其他異性／使人為之傾倒的對象／被豐沛的愛包圍、填滿／幸福美滿的婚姻	**人際**	充實心靈的關係／藉著強大的情感緊密相連／崇尚和平主義、個性穩重的人／精神上有所成長
工作	可以從事喜歡的工作／工作進行得很順利／善用人脈／令人滿意的結果／優秀的幫手	**金錢**	財運亨通／富足的生活／感受到獲得所欲之物的喜悅／滿足於現狀

幸運物 & 開運行動

 Lucky color
碧藍色

打開心胸，擁有快樂的好心情。能以一顆純粹的心來享受事物。

 Power Stone
薔薇輝石

會修復愛情、消除不安。也有助於提升魅力。

聖杯 2
TWO of CUPS

兩人的故事由此開始

　　一男一女正面對彼此，準備交換雙方手中的聖杯。希臘神話的傳令之神荷米斯（Hermes）所持有的雙蛇杖（Caduceus）以及一隻長著翅膀的獅子出現在兩人之間，而他們看起來像是在互訴愛意。這張牌代表男女選擇彼此、相互吸引，或者是存在於朋友或彼此信賴的夥伴之間的情誼或共鳴。

塔羅牌的訊息
Message

Keyword ››› 彼此互通的心意

信賴關係／深刻情誼／互相理解／戀情的開始／令人高興的相遇／良好的平衡

現在／結果	心意相通／感受到彼此的連結／開始對彼此產生共鳴／想法變得更加明確／建立平衡的關係	未來	戀情會順利開花結果／告白／被告白／所有人際關係都會獲得改善／重修舊好／遇見往後會長久相處下去的對象
過去／原因	從第一次見面開始就很有好感／與周遭分享真實的想法／戀愛情感或性魅力會帶來危害／太過開放的待人方式	建議	深入了解彼此，建立信賴關係／對彼此吐露真心／和吵架的對象握手言和／鼓起勇氣向對方表白
戀愛	始於一見鍾情的戀愛／兩情相悅／兩人的關係會有所進展／萌生愛意／婚約／登記結婚	人際	掏心掏肺地說話／認識會長期來往的對象／互助合作的關係
工作	工作順利往下進行／通情達理的上司／達成協議／讓人覺得「就是這個」的工作	金錢	透過團隊合作來獲得報酬／收到所需的金額／來自周遭的經濟援助

幸運物 & 開運行動

 Lucky color
櫻花色
帶給人溫柔婉約的印象，增加女性的魅力。

 Power Stone
紫鋰輝石
對他人產生愛情或關懷，使人際關係圓滿融洽。

聖杯 3
THREE of CUPS

從愛情開始發展的人際關係

　　三名女子各自舉著一個聖杯，看起來像是在翩翩起舞。這張牌代表在「聖杯2」邂逅的男女會發展出更進一步的關係或連帶感。儘管三個人的表情都非常平靜，卻也能從中感受到她們各自暗藏心事。若想讓這三個人維持良好的關係，互相尊重的態度以及適當的距離感也是有必要的。

塔羅牌的訊息
Message

Keyword >>> 培養社會性

友愛／連帶感／歡樂時光／視為同伴／保持良好平衡的關係／舒適的距離感

現在／結果	愉快而安定的關係／結出果實的運勢／參與團體行動／從連帶關係演變成深厚情誼／溫柔和平的氛圍／產生同伴之間的認同感	未來	友誼會變得更加深刻／結誼能以最自然的狀態相處的朋友／和周遭同心協力取得期盼已久的成果／與同伴談笑風生／舉辦宴會
過去／原因	協調圓融的人際關係／滿足於現狀／締結情誼／無法脫離目前的環境／過度依賴團隊合作	建議	跟朋友一起去轉換一下心情／多活動身體／成為群體的一分子／思考舒適自在的人際關係／互相禮讓，彼此尊重
戀愛	從當朋友開始的戀愛／參加多人聯誼／產生堅定的情誼／非常登對的情侶	人際	和朋友產生同樣的心情／發揮社交能力／能夠發自內心地享受一起相處的時光／把對方視為夥伴
工作	團隊合作會影響成果／與身邊的人互相合作，使專案圓滿成功／簽訂契約	金錢	朋友的喜事一椿接著一椿，導致開銷不斷增加／交際費愈來愈高／得到想要的東西

幸運物＆開運行動

Lucky color
土耳其藍
產生親切感，增進溝通能力。

Power Stone
藍紋瑪瑙
締結會帶來益處的良緣，消除人際關係的壓力。

聖杯 4
FOUR of CUPS

莫名積極不起來的時候

圖中的男子坐在三個聖杯前面，將雙手盤在胸前陷入沉思。從雲朵裡伸出的手向他遞出另外一個聖杯，但男子似乎沒有察覺。這張牌暗示目前的情況陷入僵局，沒辦法縱身投入新的可能性。另外，也可以解讀成沒有意識到自己身處在資源豐沛的環境，成天好吃懶做、不願努力。

塔羅牌的訊息
Message

Keyword >>> **不為所動的心**

猶豫／無聊／倦怠／錯失機會／提不起勁／滿不在乎／妄想得不到的東西

現在／結果	對平靜的每一天感到厭煩／累積忿忿不平或不滿的情緒／覺得很無聊，但不打算去做什麼／缺乏新鮮感	未來	不會產生任何衝擊的平靜日常會持續下去／沒發現近在身邊的幸福，抱怨連連／對現狀感到苦悶／焦慮煩躁
過去／原因	總是陷入負面的思考／提不起興致／正當化自己的行為／對日復一日的每一天感到不滿／一成不變的狀態	建議	不要安於現狀／身邊藏著很多機會，只是你沒有發現／思考並整理自己想做的事／安排休假
戀愛	倦怠期／沒發現命運之人就在自己身邊／畏縮膽怯導致關係毫無進展	人際	了無新意的關係／充斥著抱怨的談話／待在一起會感到痛苦／心有不滿的人
工作	單調乏味的工作／差強人意的結果／任職於很棒的職場，卻感受不到工作的意義／拿不出幹勁	金錢	難以獲得充實的報酬／愈來愈常因為壓力而衝動購物／在金錢上感到不滿足

幸運物＆開運行動

 Lucky color
暗褐色
安撫高漲的情緒，使持有者採取腳踏實地的行動。

 Power Stone
光玉髓
具備冷靜而精準的判斷力，指引我們前往正確的方向。

聖杯 5
FIVE of CUPS

對殘存的希望絲毫未覺

　　牌面上畫著一名垂頭喪氣的男子正目不轉睛地盯著倒在地上的三個聖杯。然而，他完全沒發現還有兩個聖杯還保留原樣。這張牌代表會失去寶貴的事物、被信任的人背叛等這些令人大失所望的結果，不過只要放寬視野，想想該如何利用剩下的資源，情況就還留有一線生機。

塔羅牌的訊息
Message

Keyword >>> 深深的失落感

氣餒／失望／喪失／負面情緒／執著／尚有可能性／需要改變方向

現在／結果	失去重要的事物，被龐大的失落感折磨／無法實現心願而失望不已／被悲傷狠狠打擊／陷入絕望／不如預期的發展	未來	可能性並沒有消失／抓著少得可憐的希望不放／迫於無奈才開始行動／跟世襲或繼承有關的問題／親戚之間的問題
過去／原因	就算努力也只有少少的成果／缺乏自信，不敢行動／不能冷靜地做出判斷／躲在自己的保護殼裡／逃避現實	建議	要冷靜地把握現況／哭個痛快／面對任何情況或對象都不要大意或抱有過多的期待／認清情況有多嚴峻
戀愛	失戀／不停挑戰直到自己滿意為止／還有留戀／無法死心／失去之後才發現有多重要	人際	氣氛難以熱絡／無法與對方心意相通／被別人避之唯恐不及／因為不得已才勉強打交道的對象
工作	犯下嚴重失誤／造成龐大損失／與同事之間的關係惡化／毫無成果	金錢	不好的情況／承受虧損／借給別人的錢沒有歸還／與付出的勞動不對等的報酬

幸運物＆開運行動

Lucky color
象牙色

柔和的顏色有治癒效果。適合用在想讓心情沉澱下來的時候。

Power Stone
骨幹水晶

讓正、負面情緒保持良好的平衡。

聖杯 6
SIX of CUPS

對身邊的事物投注愛情

插滿鮮花的聖杯一個挨著一個並排而立，戴著紅色頭巾的小孩將其中一個遞給另外一位年紀更小的孩子。被花朵填滿的景色象徵愛情與純真，這張牌代表令人懷念的場所、小時候的回憶或對家人的愛會成為關鍵。同時也以大、小兩個孩子的對比來暗示某種優越性或不平衡。

塔羅牌的訊息
Message

Keyword >>> 回歸原點

鄉愁／令人懷念的回憶／初戀／過去發生的事／互相理解／淨化

現在／結果	想起被遺忘的那顆純真的心／想起令人懷念的回憶／充滿懷舊的心情／發覺圍繞在自己身邊的愛	未來	與令人懷念的對象再會／被溫暖的愛填滿內心／陷入一段純粹的戀情／互相贈禮／活用從前經驗
過去／原因	沉浸在過去的感傷之中／思念過去，療癒內心／忘記重要的事／內心充滿算計／與家人的關係	建議	回歸原點，想起初衷／以前很熟悉的地方或人物會成為關鍵／不要否定自己的過去／珍惜家人和身邊的人
戀愛	與兒時玩伴的戀情／天真無邪、酸酸甜甜的戀愛／與前任或初戀情人重逢／互相憐惜的關係	人際	遇見令你懷念的朋友／加深與兒時玩伴之間的情誼／小心翼翼地維護過去的友情／同學會
工作	給人感覺像在家裡一樣的職場／過去的經驗派上用場／以前的同事／過去的榮耀／想起初衷	金錢	以前借給別人的錢會還回來／會想送別人禮物／發現用錢買不到的價值

幸運物 & 開運行動

Lucky color
嬰兒粉

提升女性的整體運勢，帶來安全感和療癒。

Power Stone
帝王托帕石

對所有事情萌生出感謝的心情，寬容的心會使持有者獲得開運體質。

聖杯 7
SEVEN of CUPS

看透本質或認清現實的重要性

　　雲上的聖杯裝著琳琅滿目的物品，譬如一堆寶物、一頂桂冠、一顆人頭或一條蛇。只畫出剪影的人物似乎正看著這些東西，開心得手舞足蹈，但這些並沒有實際被他收入囊中，僅僅只是象徵他的幻想或願望而已。這張牌在提醒我們面對現實的重要性，不要躲在想像出來的世界裡面。

塔羅牌的訊息
Message

Keyword >>> 逃避現實

幻想／妄想／誘惑／對自己有利的解釋／偏見／表面上的／理想與現實的落差

現在／結果	一味追逐理想或憧憬而不切實際的狀態／陶醉在妄想之中／看不清現實／這也想要、那也想要／只有願望在不斷膨脹	未來	敗給誘惑／迷失自我／產生被害妄想／優柔寡斷，見異思遷／有很嚴重的偏見，無法做出冷靜的判斷
過去／原因	有很多選項或誘惑／不願面對現實，沉浸在夢境中／自己不努力，等待奇蹟發生／沒有腳踏實地	建議	不要再增加更多的選項／整理腦中的想法，做現在該做的事／客觀的觀點／停止負面思考／不要自我陶醉
戀愛	容易移情別戀／浪漫的愛情／對不可能實現的戀愛心存幻想／沉浸在一段悲傷的戀情之中	人際	強迫對方接受自己的理想／度過一段好像在作夢般的快樂時光／在酒席間萌生出友誼
工作	參與太多事情而導致失敗／只會對夢想高談闊論卻沒有認清現實／不可能實現的計畫	金錢	有太多想要的東西／破財／因為酒而缺錢／浪費錢／產生只靠一次機會來扭轉局勢的妄想

幸運物＆開運行動

 Lucky color
草莓紅
這種紅色好似鮮嫩多汁的草莓，會支持持有者積極地投入戀愛。

 Power Stone
紫螢石
賦予我們不再迷惘、堅定向前的勇氣。適合用在想改變現狀的時候。

聖杯 8
EIGHT of CUP

結束這個階段，邁向下個階段

在一個月色優美的夜晚，圖中的男子留下整齊排列在岸邊的聖杯，頭也不回地轉身離去。他似乎才剛為至今為止的努力或視若珍寶的事物畫下句點，準備前往下一個地方。這張牌彷彿在表達價值觀的改變、實現目標的成就感，抑或是人無論如何都無法永遠停留在同一個地方。

塔羅牌的訊息
Message

Keyword ⟩⟩⟩ 逐漸改變的心

變化／訣別／失去興趣／再次挑戰／改變方針／逐漸褪色／拋棄

現在／結果	對從前感興趣的事物失去興致／過了最巔峰的的狀態／進入下一個階段的時機／為過去告一段落，探索新的可能性	未來	拋開過去，前往全新的未知領域／想要捨棄一切／保持物理上和精神上的距離／展開探索自我的旅程／轉換跑道
過去／原因	隨著時間的經過逐漸改變／想法慢慢變得不一樣了／逃避麻煩的事／不再感受到魅力／變心	建議	斷開不捨／決心邁向下一個階段／花時間面對自己的內心整理思緒／分辨並放下讓自己感到負擔的事物
戀愛	不討厭，但也並不愛／移情別戀／下定決心要分手／放下依戀	人際	斷了聯繫／漸行漸遠／看膩了一成不變的老面孔／試著暫時拉開距離
工作	放棄專案／不再感受到工作的意義／沒辦法像過去一樣投注熱情	金錢	對金錢的價值觀會發生變化／認真檢查支出明細／停止收取報酬或代價

⟍⎮⁄ 幸運物 & 開運行動

 Lucky color
深褐色
這種顏色源自於烏賊的墨汁。是會帶出安定感的顏色。

 Power Stone
綠簾花崗石
消除憤怒或悲傷的情緒，帶來前進的能量。

聖杯 9
NINE of CUPS

意外收穫的滿足感

在弓形的桌上有九個聖杯排排站，一名體態圓潤的男子正抱著雙臂坐在桌前。獲得所欲之物的他露出一副滿意又驕傲的神情。這張牌暗示的訊息與其說是努力換來的結果，倒不如說是像天上掉下來的餡餅那樣撿到好運或碰巧實現心願。不過，別光是滿足於表面上的成功也是很重要的。

塔羅牌的訊息
Message

Keyword >>> 出乎意料的好運

成就／滿足感／願望成真／物質上的安定／精神上的富足／飽滿充足的狀態

現在／結果	幸運的事情接二連三地發生在自己身上／願望再過不久就會實現／對自己感到驕傲／得到想要的東西／喜悅的心情溢於言表	未來	能獲得幸福感及滿足感／在經濟上取得穩定，在精神上也變得更加從容／盡情享受奢侈的生活／細細品嚐成功的喜悅
過去／原因	沒有特別做什麼就很順利／依賴目前的好運而疏於努力／實現了願望，卻對隨之而來的責任和壞處心生恐懼／過度地自我吹噓	建議	只要相信就會成真／好好犒賞自己／不要到處炫耀自己有多開心／下次未必會和這次一樣，所以不要安於現狀
戀愛	多年來的感情終於獲得回報／遇到理想的對象／對條件很好的人一見鍾情	人際	真正可以交心的夥伴／令人滿足的友誼／聚在一起可以得到某種好處的關係
工作	耗時已久的計畫會開花結果／在找上門的大案子上取得成果／出乎意料的升遷	金錢	豐富充實的財運／不在預料之內的額外收入／更上一層樓的生活水準／在精神上也游刃有餘

幸運物 & 開運行動

Lucky color
金黃色

擁有充實與幸福感，提升自信心。最強的招財色。

Power Stone
髮晶

對助長財運很有效。網羅知識、人脈並提升品格。

聖杯 10
TEN of CUPS

與身邊之人分享才是真正幸福

十個聖杯在覆蓋了整片天空的彩虹上一字排開，仰望彩虹的夫妻和孩子們興高采烈地表現出幸福的模樣。這張牌好似在表達家人、情人或每天的工作這些被視為理所當然又再普通不過的事物才是真正的幸福，暗示人際關係會順利融洽、精神也會保持穩定，並且被溫暖的幸福感填滿內心。

塔羅牌的訊息
Message

Keyword ››› 發現此刻的幸福

幸福感／對家人的愛／安寧／安全無虞的狀態／充實的人際關係／平靜的日常生活

現在／結果	與紛紛擾擾無緣的平靜生活／體會日常生活中的幸福／大家一起分享喜悅／覺得自己很幸福／充實的個人生活	未來	建立充實的人際關係／對幸福深信不疑／幸福的狀態會持續下去／興建或購買新家／結婚／組成新的家庭／心願實現
過去／原因	內心十分從容／家裡發生喜事／對現狀感到無比滿足／對身邊的環境沒有不滿，過得非常安逸	建議	發覺存在於理所當然之中的幸福／珍惜與能夠推心置腹的朋友之間的交流／充實的生活環境會使心靈變得游刃有餘／對身邊的人表達感謝
戀愛	立下永恆的愛的誓言／發自內心心意相通的對象／幸福的戀情或婚姻／獲得滿滿的愛／懷孕	人際	和每個人都能平衡地互動來往／與周圍的關係圓滿融洽／和樂融融／和樂的家庭
工作	生意穩定／能夠取得令人滿意的成果／團結起來一起努力工作／利用技能轉換跑道	金錢	手頭寬裕的財運／資產增加／有令人滿意的收入／結婚使得收入增加

幸運物 & 開運行動

Lucky color
透明

會消除邪念，蘊藏帶著純潔的心靈起步的無限能量。

Power Stone
紅寶石

對任何事情都躍躍欲試，有助於增強領袖特質和魅力。

聖杯侍從
PAGE of CUPS

年輕氣息的有趣點子會大受好評

一名有著中性氣質的年輕男用右手握住聖杯，跟從杯子裡探出頭來的魚四目相對。這張牌給人詼諧滑稽的印象，代表取之不竭的靈感、藝術性以及能夠靈活思考的人。現在會獲得掌聲的是不侷限於陳舊觀念、富有新意且個性獨特的意見或有趣的點子。也有可能會收到喜訊。

塔羅牌的訊息
Message

Keyword >>> 跟著感性走

純粹／彈性思考／獨具特色／溫柔／帶動氣氛的人／包容一切

現在／結果	能夠積極參與／把不可能變成可能的點子／可以原諒一切／靈活應對／為他人盡心盡力／深受周圍喜愛	未來	可以公開祕密／發現自己被騙／事情有新的進展／收到好消息／想出通過考驗的方法
過去／原因	以一顆純粹的心取悅他人／能為他人努力／太過誠實的說話方式／豐富的創意可能會因為對象而適得其反／多管閒事	建議	誠實面對自己／公開自己的祕密以拉近彼此的距離／重視靈活的應對／把失敗化為成功之母／待人要親切
戀愛	戀情會有所進展／被告白／既浪漫又甜蜜的戀愛／熱情如火的愛／純潔的愛	人際	沒有任何算計，單純為了對方採取行動／分享祕密／能夠理解彼此心情的關係
工作	磨練感性或感覺／在創意工作上大顯身手／直覺靈敏／發揮個人特色	金錢	對省錢所做的努力樂在其中／靠著一閃而過的靈感獲利／改變生活方式以適應目前的財務狀況

幸運物 & 開運行動

 Lucky color
紫丁香色
會敏銳地察覺衝突，具備靈敏地防禦天線。

 Power Stone
煙晶
活化能力，在專業領域成為備受需要的人才。

聖杯騎士
KNIGHT of CUPS

善良、優雅又理智的氛圍

　　一名身穿鎧甲的騎士用單手拿著聖杯，騎在白馬的背上準備渡河，但他神色自若，完全沒露出著急的模樣，而是散發出優雅從容的氛圍。頭盔和鞋子上的裝飾是傳令之神荷米斯的翅膀。他是國王派遣的使節嗎？還是正要前往愛人的身邊呢？無論如何，他應該都是一位帶來重要訊息的使者。

塔羅牌的訊息
Message

Keyword >>> 以緩慢速度前進

謹慎／穩重／柔軟的身段／美感／優柔寡斷／被人告白／出現幫手

現在／結果	感覺有什麼要開始了／在精神上得到滿足／傳來喜訊／美夢成真／柔軟的身段／得體的言行／不要輕舉妄動，而是要深思熟慮	未來	有人會提出新的提議／等待已久的人會出現／聽到令人高興的好消息／收到禮物／可以獲得充分的愛
過去／原因	可以搞清楚狀況再行動／有信心能實現願望／失去渴望達成目標的精神／有一顆不善於應付意外情況的玻璃心	建議	不要一味等待，主動聯繫對方／即使興致缺缺也要試著接受邀約／不要計算得失才採取行動，而是把重點放在內心的充實
戀愛	求婚／告白／被追求／浪漫的戀情／出現理想的對象	人際	關心彼此／一起相處會感到安心／善於社交的人／受人景仰
工作	傳來令人高興的好消息／被大大提拔／出人頭地／審慎地判斷情況／利用人脈	金錢	穩定的財運／外快／與他人有愈多交流，財運會愈好／可能會加薪

幸運物 & 開運行動

 Lucky color
孔雀綠

這種顏色源自孔雀的羽毛。會帶來自由和解放感。

 Power Stone
黃色蛋白石

提升獲得幫助的運氣，會遇到很好的幫手。讓人可以正向思考。

聖杯皇后
QUEEN of CUPS

用母性與仁慈的心包容他人

　　皇后坐在一張精雕玉琢的寶座上，靜靜欣賞被裝飾得絢麗華貴的聖杯。聖杯象徵的「水」具有女性特質，因此「聖杯皇后」稱得上是最有女人味的一張塔羅牌了。對周遭的關心、善意以及奉獻自己、照顧家人的行動是受好運眷顧的關鍵。出現這張牌的話，就請重視自己的直覺及感性吧！

塔羅牌的訊息
Message

Keyword >>> 犧牲奉獻的愛

善意／慈愛／為對方盡心盡力／寬厚的心／情意深重／創造性／浪漫主義者

現在／結果	能夠體諒別人的心情／傾注犧牲奉獻的愛／對對方有更深入的了解／可以在維持自我的同時與周遭保持協調	**未來**	產生第六感／有很準的直覺／覺得非常充實／變得更擅長猜到別人真正的想法／有出色的美感，發揮藝術天分
過去／原因	穩重沉著／產生母性／找到灌注愛情的對象／變得太情緒化／壓抑自己的情緒勉強自己	**建議**	不要把別人說的話照單全收，而是要看透對方的身心／縱使對方犯錯，也要用一顆溫柔的心來包容他／需要時間讓彼此都能好好放鬆
戀愛	毫不保留地付出愛情／不求回報的愛／母性／浪漫的婚姻／精神上的連結很強	**人際**	充滿關懷的人際關係／可以像家人一樣相處的關係／光是和某個人待在一起就覺得被療癒了
工作	靈活應對／在跟藝術或醫療有關的工作上大獲成功／充滿溫暖的職場／竭盡所能地為公司付出	**金錢**	對花錢這件事不怎麼在意／借錢給人但不要求對方還錢／無償地奉獻

幸運物 & 開運行動

Lucky color
玫瑰粉
替女人味增添幾分冷靜沉著。適合用在彩妝上。

Power Stone
紫雲母
壓抑激動的情緒，用體貼的態度提升好感度。

聖杯國王
KING of CUPS

溫厚的氛圍會吸引成功

　　國王端坐在一張漂浮於海面上的寶座上，右手拿著聖杯，左手握著權杖，雙眼凝視著遠方。這張牌象徵一位寬容大度的成人男性。他溫厚的性格吸引他人，暗示會有更多人來找你商量事情，或是會有可以放心待在裡面的環境。另外，在遭遇困難時，也可以期待會有可靠的人物出手相助。

塔羅牌的訊息
Message

Keyword >>> 大方接納他人

威嚴／包容力／沉默寡言／人望／傾聽／值得信賴／接納對方

現在／結果	能游刃有餘地做出適當的應對／宰相肚裡好撐船／不疾不徐地處理事情／肯定並接納一切／威嚴莊重，氣度不凡	未來	獲得非常了解自己的強大幫手／踏上新的道路／發覺藝術天分／在剛好的時機點得到需要的東西
過去／原因	知道遲早一定會結束／心情放鬆，保持平靜／太想接納一切／坦蕩的態度造成反效果	建議	別忘了自制心／客觀的視角／看透事物的本質／以輕鬆的態度面對／身邊就有你的夥伴／不要什麼都想獨自應付
戀愛	沉著的愛／被安全感包圍／互相是彼此的心靈支柱／溫柔敦厚的對象	人際	即使有人造成困擾也要原諒對方／互相體諒／結識認同並了解自己的人／值得依賴的存在
工作	寬容的上司／默默關注部下的成長／備受信賴，盡情地發揮所長／信賴關係變得更堅固	金錢	穩定的財運／自願出資／捐款／慷慨解囊／把錢用在藝術方面

幸運物 & 開運行動

 Lucky color
皇家紫　給人高貴或充滿知性的印象。適合用在想讓身邊的人信任自己的時候。

 Power Stone
青金石　保護我們不被看不見的負能量影響。

寶劍 A
ACE of SWORDS

貫徹意志以達成目標

　　一隻從雲裡面伸出來的手緊握寶劍，而寶劍的尖端則掛著一頂用橄欖葉以及椰子葉作為裝飾的皇冠。寶劍（長劍）是人為製造的工具，象徵人類的進化或知性。這張牌代表會憑藉知識或意志來達成目的。但與此同時，切莫忘記寶劍也是用來打仗的武器，會對他人造成傷害。

塔羅牌的訊息
Message

Keyword >>> 明確表達己見

知性／知識／判斷／勝利／決斷力／與努力相符的成果／取得社會地位

現在／結果	內心的迷惘一眨眼便一掃而空／必須採取行動的時候／克服困難，往前邁進／可以靠自己達成某件事／下定決心	未來	開始能做出正確的決定／看透本質／克服逆境／獲得權力／面對輸贏時，運氣會站在自己這邊／發現新的途徑
過去／原因	鍛鍊精神力和腦力／個性堅強，愈挫愈勇／老愛講大道理／態度冷淡，講究合理／大膽的決定會造成阻礙	建議	勇敢面對問題率先掌握領導權／統整周遭的意見／盡全力去做／堅持到最後，不要半途而廢
戀愛	不要情緒用事，而是要冷靜判斷／戰勝情敵／捨棄不切實際的幻想／大力反駁對方的氣勢	人際	理智的朋友／可以交換客觀意見的對象／被劃清界線／精神上的連結
工作	用聰明才智突破困境／用心撰寫的企畫大獲成功／有預感會被委以重任，負責做出重大的決定	金錢	拼命籌錢／靠著強大的精神力度過危機／為了充實知識進行投資

幸運物 & 開運行動

 Lucky color
朱紅色
這種顏色會帶來活力和動力，也具備面對競爭時能堅強獲勝的好運。

 Power Stone
太陽石
以強大的能量營造出新氣象，提升統御力和信賴度！

寶劍 2
TWO of SWORDS

放空大腦，試問公正性

在深夜的海岸邊，一名女子蒙住雙眼，將兩把寶劍交叉擺在胸前。「2」這個數字代表二元性或相對的事物，而蒙眼女子看起來也像是正試圖在兩者之間保持平衡。這張牌要表達的意思或許是，只要像女子背後那平靜無波的大海一樣靜下心來處理課題，就一定可以得到答案。

塔羅牌的訊息
Message

Keyword >>> 難以協調

專心／觀察情況／緊張／內心的掙扎／保持平衡／訴諸理性

現在／結果	在表面上加以掩飾／過了最高峰，慢慢恢復平靜／問題逐漸緩減／維持現狀／左右為難的狀態／難以選擇	**未來**	建立不互相依賴的關係／問題會得到解決／煩惱會消失，心情變的非常開朗／事情會塵埃落定／找回平常的自己／接受真相
過去／原因	試圖與他人進行協調／注意平衡／過於冷靜的判斷／聰明反被聰明誤／埋藏在自己心中的真相	**建議**	不要急著做出結論／不要抗拒目前的走向／與他人維持對等的關係／別為情緒所困，應該理性地做出判斷
戀愛	保持適當距離，邊試探邊培養感情／配合對方／和年紀比自己小的人會很有緣／充滿知性的對話	**人際**	均衡的人際關係／傾聽別人的忠告／適當的來往／修復關係
工作	與對手維持和平的合作關係／不在工作中挾帶私情／在表面上的相處保持平衡	**金錢**	邊考慮收支平衡邊維持生計／用錢要適當得宜，無過與不及／作為必要的花費

幸運物＆開運行動

Lucky color
蜜桃色

使身心靈都感到平靜而滿足。也會緩解緊張。

Power Stone
堇青石

賦予人自信和勇氣，帶領我們走向正確方向。

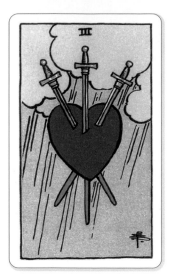

寶劍 3
THREE of SWORDS

因悲傷往事而傷痕累累的心

在滂沱大雨之中，三把寶劍狠狠地插在一顆愛心上面。紅色的愛心是人的心情或內心，代表傷心、難過等等的情緒。由於牌面上並沒有畫出人物或風景，這張牌也像是在展現一場由人類無從反抗的力量所造就的悲劇。也許會發生失去重要的人或遭人背叛這種令人大受打擊的事。

塔羅牌的訊息
Message

Keyword >>> 伴隨離別的傷痛

喪失／傷心／難過的事／誤解／麻煩／不得已／遭受打擊

現在／結果	充斥著惡劣的氣氛／遇上麻煩／無法修復關係而就此訣別／遭受嚴重打擊／不能各退一步	未來	備感衝擊／遭逢打擊使得悲傷的情緒逐漸擴散／註定會分離／遇到的麻煩最終會使問題得到解決／內心受到很深的傷害
過去／原因	關係很尷尬／逃避面對的問題／面對悲傷／看錯事物的本質／細小的裂縫變成巨大的橫溝	建議	從絕望的谷底往上爬／認為這將為自己帶來成長／等情況穩定下來就一定會看見希望／現在就算難過也必須忍耐
戀愛	外遇或三角關係會亂成一團，迎來令人傷心的結局／失戀／愛情四分五裂，兩人各奔東西	人際	發生衝突／團隊分崩離析／講話帶刺／充滿算計的來往導致友情破滅
工作	被裁員／自願離職／簡報會以失敗收場／專案中途受挫／發生派系鬥爭	金錢	遺失錢包／落得要解除定存的下場／金錢糾紛導致感情惡化

幸運物 & 開運行動

 Lucky color
馬卡龍藍
帶給人清爽、整潔的印象，也能獲得周遭的信賴。

 Power Stone
拉利瑪
有非常強大的治癒效果。還會讓人擺脫不安、憤怒或心理創傷。

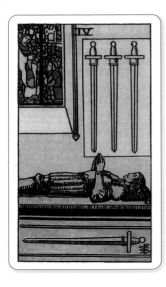

寶劍 4
FOUR of SWORDS

遠離喧囂，修復身心的時刻

　　教堂裡，彩繪玻璃閃爍著七彩的光輝，一名騎士平躺在陵墓上方，牆面上則有寶劍的裝飾。從騎士雙手合十的動作來看，他應該正在沉澱心靈，面對內在的自己。這張牌代表現在正是好好充電、休養身心的時候。愈是努力的人，應該就愈需要自己一個人靜下心來獨處的時間。

塔羅牌的訊息
Message

Keyword >>> 暫時停止思考

靜養／休息片刻／靜養休息／待命／儲存能量／提振精神

現在／結果	尋找機會／在關鍵時刻到來之前保留實力／暫時休息／維修保養／稍微喘口氣休息一下的時間	未來	充分休息，使身心都能好好充電／事情發展的速度逐漸失控／不要一味地往前衝，偶爾也需要暫時停下腳步／被醫生禁止做某件事
過去／原因	暫停活動／明顯疲憊不堪的狀態／出現身體不適／以忙碌為由，不願花時間面對自己	建議	最終休息才是解決問題的捷徑／首先要確保充足的睡眠時間／重新檢視自我的時機／整理腦袋裡的想法
戀愛	發生爭執或談婚論嫁時要先讓頭腦冷靜一下／拉開距離／等待機會邂逅良緣	人際	感受到人際關係麻煩的一面／被別人摸透內心的想法／巧妙保持距離的人／冷靜的忠告
工作	談判需要重新準備／留職停薪／打開視野，不要拘泥於一種作法	金錢	沒有錢可以任意花用／暫停嚴格的省錢生活／等待入帳那天的到來

⚡ 幸運物＆開運行動

Lucky color
孔雀石綠
飽含深度的綠色會療癒疲憊不堪的身體和心靈。

Power Stone
赤鐵礦
平衡身心，幫助身體恢復健康。

寶劍 5
FIVE of SWORDS

衝突不論輸贏都會兩敗俱傷

在戰鬥中獲勝的男子手執長劍，對著轉身離去的輸家露出所向披靡的笑容，彷彿是在炫耀自己的勝利。從他充滿自信的模樣可以看出不擇手段的戰鬥方式以及露骨的敵意。兩者相爭勢必會對雙方造成傷害。這張牌在暗示要認真檢討自己，有沒有表現出跟牌中這名男子一樣的態度。

塔羅牌的訊息
Message

Keyword >>> 爭鬥帶來的空虛

不公平／殘酷／不留情面的戰鬥／互相傷害／對勝利的執著

現在／結果	身處在衝突的中心／為了滿足私欲的爭鬥／必須為了保護什麼而做出犧牲的情況／一點點的疏忽也會要人命／讓別人完全感受不到自己的脆弱	未來	勝利的代價是對對方造成嚴重的傷害／沒有辦法避免衝突／需要智慧／討價還價是重要的／有預感會與人同流合汙
過去／原因	圖利自己的思考方式／強烈懷有某種自私的欲望／欺騙並傷害他人／認定對方不如自己並視若草芥／內心有太多的算計	建議	有時也必須視情況變得冷酷無情／偶爾也要耍點小聰明，適當地在眾人之間周旋／制定縝密的計畫避免出錯
戀愛	在與情敵激烈的你爭我奪中獲得勝利／成功橫刀奪愛／敷衍的態度導致兩人的心意漸行漸遠	人際	放出不好的謠言／為了欲望利用他人／互相把對方踢下去／與之來往會使自己身陷險境的對象
工作	為了事前準備四處奔走／背後的準備工作／把對手逼入絕境／與競爭對手展開激烈的比賽	金錢	欺騙同伴以獲取利益／扯同行競爭對手的後腿／順從無窮無盡的欲望大肆花錢

幸運物＆開運行動

Lucky color
咖啡棕
帶點柔和的棕色，具有令人鬆一口氣的安全感。

Power Stone
綠簾花崗石
消除內心深處的憤怒或悲傷，帶領我們重新出發。

寶劍 6
SIX of SWORDS

往全新的環境展開行動

站在船頭的男人划著一艘插滿寶劍的小船準備啟航。坐在他船上的乘客是一對彎腰駝背、像是在隱瞞身分的親子。他們難道是才剛剛脫離險境，正要出發前往新天地嗎？這張牌暗示新的啟程、方向的改變以及環境的變化。或者，也有可能代表會出現可靠的支持者或引導者。

塔羅牌的訊息
Message

Keyword >>> 朝著解決問題啟航

撤退／轉換／安全的旅途／脫離困境／前往新天地／出乎預料的發展

現在／結果	一改過去的方針／能夠遠離衝突的運勢／可以脫離現狀／從剛開始前進的方向窺見一絲希望	未來	從目前的環境採取行動／邁向下一個階段／透過自我反省來脫離困境／疾病痊癒的徵兆
過去／原因	拋棄過去的執著／與過去一刀兩斷／改變作法／跟對方保持距離／變更工作地點或外出旅行／擺脫痛苦的情況	建議	沒有必要停留在現狀／改變看事情的角度會讓世界變得更寬廣／以新天地為目標／暫時躲起來觀察情況也很重要
戀愛	已經結束的戀愛就不要回頭／新的邂逅／在旅行途中展開的羅曼史／需要轉換方向	人際	和朋友去旅行／與旅途中遇見的人建立新的人際關係／斬舊陳舊的束縛
工作	採用創新的想法／出差或調職／暫時調派至其他部門／拋開固執，摸索新的方法	金錢	導入電子支付等新的系統／把錢花在旅行上／透過改變想法來增加獲利

幸運物 & 開運行動

Lucky color
卡其色

令人聯想到大自然，有安神、放鬆的效果。

Power Stone
虹彩水晶

會在遇到人生的轉機時，為好的趨勢推波助瀾。

寶劍 7
SEVEN of SWORDS

出其不意或使詐偶爾也會奏效嗎？

有一個男人偷走了寶劍，正躡手躡腳地準備逃離現場。畫面中可以看見馬戲團的帳篷和其他的人，但似乎沒有半個人注意到他。這張牌代表騙過他人、奸詐狡猾的人物或行為，像是在質問翻牌者有沒有做出卑鄙或不誠實的舉動。他明明身為小偷卻穿著華麗，看起來也沒什麼計畫性。

塔羅牌的訊息
Message

Keyword ››› 沒有惡意的計謀

欺瞞／狡猾／壞主意／自保／耍手段／背叛／滿足私欲

現在／結果	擬定策略，巧妙地周旋於眾人之間／偷偷藏著陰謀詭計／說謊或敷衍了事／做壞事也不會被抓到的運氣／充滿不信任感	**未來**	徹底地滿足私欲／無比珍惜的事物會被人偷走／被對手超越／欺騙他人／可能會招人怨恨
過去／原因	想滿足欲望的心情變得愈來愈強烈／可能會承擔很大的風險／偶然閃過的壞念頭／可疑的提議／傳出不好的謠言／邪念	**建議**	有預感自己做的壞事會曝光，學到慘痛的教訓／注意偷偷摸摸的人／要心存懷疑／小心遇到詐騙／凡事都要小心謹慎地做出判斷
戀愛	表裡不一／不誠實／違法獲取個資／內外反差很大的人／為了贏得對方的好感而說謊	**人際**	利用別人的好意／為了保持關係而拼命獻殷勤／只顧著圖利自己的人
工作	在背後搞小動作陷害對手／靠關係推銷自己／只有表面工夫一百分／做出商業間諜的行為	**金錢**	只考慮到自己的利益／為了保護面子而進行募款／說好各付各的卻別人占別人便宜／小心被偷聽

幸運物＆開運行動

 Lucky color
土黃色　賦予持有者耐心、毅力以及充滿威嚴的氣度和安定感。

 Power Stone
縞瑪瑙　保護持有者免於疾病和衝突。也很適合用來守護交通安全。

寶劍 8
EIGHT of SWORDS

令人感到四面楚歌、孤立無援的情況

　　一名被蒙住眼睛、五花大綁的女子被好幾把寶劍團團包圍，看起來動彈不得。她的腳邊滿是泥濘，難以立足，從這副模樣可以得知，她目前孤立無援，正身處在險境之中。然而綁住她的布條既沒有勒緊，也沒有綁住雙腳，表示目前的情況只會維持一時，或是只要改變想法就有機會打破現狀。

塔羅牌的訊息
Message

Keyword >>> 萬事休矣的現況

束縛／不安／受限／藉口／被逼入絕境／動彈不得

現在／結果	遇到災難／接連發生無法按照自己的心意行動的事／覺得目前的環境很拘束／周圍對自己的過度干涉／遭人嫉妒	**未來**	想了一堆卻不打算付諸行動／會發生考驗耐性的事／被迫暫時忍耐／不自由／有障礙擋住去路
過去／原因	被困在自己的想法出不去／偏頗的思考方式／沒發現什麼才是最重要的／資金不足／對他人有過多的期待／把事情交給別人去做	**建議**	太過逼迫自己／不要被別人牽著鼻子走／擁有堅定的意志／禁止先入為主／想太多只是在浪費時間而已
戀愛	把錯推到別人身上／不懂得怎麼跟喜歡的人相處／沒有作為／束縛	**人際**	很容易產生被害妄想的人／想要解開誤會，但是缺乏勇氣／想和對方交朋友卻不主動靠近
工作	有一堆規定的職場／陷入困境卻因為猶豫不決而無法行動／無法徹底捨棄執著	**金錢**	想要的東西很多但沒錢可買／儘管錢所困，卻找不到改善現況的方法

幸運物＆開運行動

Lucky color
銀灰色　精明幹練的印象會使持有者感覺變得更加敏銳。

Power Stone
孔雀石　保護持有者不會朝著不好的方向愈陷愈深。

寶劍 9
NINE of SWORDS

如何戰勝排山倒海而來的負面情緒？

一名女子撐起上半身坐在床上，用雙手摀住自己的臉發出嘆息，不知道是被惡夢半夜驚醒，還是正在後悔某件事情。但是蓋在她腳上的毛毯布滿了色彩明亮的星座和玫瑰，看起來好像在安撫她的悲傷。九把寶劍飄浮在一片黑暗之中，或許是在表現她內心的孤寂或不安的情緒。

塔羅牌的訊息
Message

Keyword >>> 走不出悲傷

苦惱／絕望／憂心忡忡／情緒不穩定／悲觀的／恐懼／不安的心情

現在／結果	被孤獨感折磨／沒來由地感到不安／陷入絕望／難過到睡不著／天真爛漫，容易受騙／幾乎要放棄的心	未來	總是忍不住把事情往壞處想／內心充滿絕望的想法／注意到重要的事物／能夠從悲傷中振作起來的那一天就快到了
過去／原因	情緒不穩定／太晚意識到什麼才是最珍貴的／巨大的衝擊／為罪惡感所苦／陷入嚴重的自我厭惡	建議	與其後悔什麼都沒做，還不如先做再說／把目光投向此刻擁有的幸福／現在感受到的辛苦不會持續太久
戀愛	把一些小事情想得很嚴重並為此傷心／跟喜歡的人發生衝突，因而責備自己	人際	煩惱人際關係／莫名感到不安，焦慮得靜不下來／在對話中找到線索
工作	擔心自己實力不夠而感到緊張／覺得沒有半個人認同自己／感到孤獨	金錢	因為看不到未來而徹底絕望／對一而再、再而三的奢侈浪費感到後悔／無法排解憂慮

幸運物 & 開運行動

 Lucky color
皇家紫 — 自古以來就是王室使用的顏色。會維護格調與尊嚴。

 Power Stone
透石膏 — 治癒受傷的心。消除不安，讓人一覺好眠。

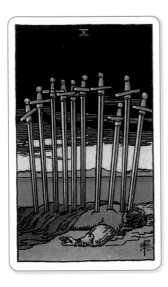

寶劍 10
TEN of SWORDS

接受殘酷現實的毅然決然

　　一名男子的背上插著十把寶劍，一動也不動地倒在地上。儘管畫面相當具有衝擊性，背景的天空卻正準備迎來被壟罩在一片金光之中的早晨。或許目前的情況非常嚴峻，自己在精神上也大受打擊。但這張牌也代表只要真摯地接納一切，就會在不遠的地方發現好兆頭或踏入下一個階段。

塔羅牌的訊息
Message

Keyword >>> 來自深淵的希望

結束／破滅／情況嚴苛／精神上的折磨／嚴重的打擊／微乎其微的希望

現在／結果	遭遇無從避免的憂慮或災難／被迫站在人生的岔路口／攬下所有痛苦的狀態／開始朝著未來前進	未來	情況愈來愈嚴重／從谷底翻身／可望在精神上能有所成長／痛苦的源頭消失殆盡／可以期待情況會逐漸好轉
過去／原因	計畫以失敗告終／時間不夠／找不到轉換心情的契機／無法預測之後的發展／看不到未來	建議	不會再繼續惡化／改變心態，脫胎換骨／需要大幅度地改變形象／可以正向思考
戀愛	想法的差異會演變成嚴重的問題／從失戀中振作／壓迫感／擔心的事情一語成讖／離婚	人際	對於跟合不來的人相處感到心累／人際關係出現裂痕／發生不幸
工作	失敗為成功之母／事業在轉眼之間惡化／悽慘的經營狀況／只能找過別條路	金錢	在經濟上撐不下去／破產／理財計畫以失敗告終／完全沒有時間猶豫

幸運物 & 開運行動

Lucky color
黑色

強調不管發生什麼事都不會被周圍影響的堅決意志。

Power Stone
黑碧璽

排除障礙，告訴我們該走的路。

寶劍侍從
PAGE of SWORDS

冷靜沉著的觀點與青春活潑的感性

　　牌面上畫著一名雙手持劍的年輕人，站在連綿起伏的山丘上四處張望。他應該是正在負責站崗或蒐集情報吧。銳利凶悍的表情以及充滿戒備的動作都顯示他具備冷靜的分析能力，能夠做出精準到位的判斷。因為年紀輕輕而缺乏的經驗，應該會在經歷過失敗和成功之後確實累積。

塔羅牌的訊息
Message

Keyword >>> 敏銳判斷情勢

監視／戒心／謹慎的行動／步步為營／嘗試與改進／危機意識／藏著祕密

現在／結果	為了蒐集情報東奔西走／需要對某件事進行調查／暴風雨前的寧靜／會有出乎預料的發展的前兆／有可能會面臨考驗	未來	摸索方向／用勇於嘗試的心態去做／落得保守重大祕密的下場／面臨考驗／察覺危險／透過冷靜的判斷度過危機
過去／原因	對周遭保持警惕／不要暴露自己的弱點／頭腦轉得很快，充滿太多算計／充分的準備造成反效果／內心藏著某種祕密	建議	做事要重視效率／默默地、不起眼地採取行動／嚴格保密／避免刺激他人的言行舉止
戀愛	戒心很重，沒辦法卸下心防／想要了解對方／無法表露真心／欲擒故縱	人際	善用真心話和場面話／雙方都要花很多時間才能夠心意相通／小心翼翼地與對方來往
工作	公私分明的工作態度／為預防損失而事先做好防護措施／蒐集可能會派上用場的資訊	金錢	對錢的態度很嚴謹／仔細確認是不是必要的開銷／以八面玲瓏的為人處世獲取利益

幸運物 & 開運行動

 Lucky color
米色
被安全感包圍，即使面對緊張的情況也能處之泰然。

 Power Stone
藍銅礦
帶來豐富的靈感、點子以及臨危不亂的應變能力。

寶劍騎士
KNIGHT of SWORDS

勇敢無畏的言行會召喚好運

　　一名騎士身穿鎧甲以及隨風飄揚的紅色披風，高舉著手中的寶劍，騎著白馬向前奔馳。出現這張牌時，就代表無論如何，速度與冷靜的態度都才是最重要的制勝關鍵。等做好心理準備就太遲了。另外這張牌也代表可能會出現跟這名騎士一樣一股腦往前衝的人，但現在即使被對方影響也沒關係。

塔羅牌的訊息
Message

Keyword >>> 飛快的發展

敏捷／判斷力／挑戰／合理的／使命感／英雄／全力以赴

現在／結果	勇往直前／必須迅速採取行動的時刻／面臨重大的決定／容易接連發生變化的時期	未來	以迅速的行動取得成功／展開行動的絕佳時機即將到來／面臨到必須追本溯源的事／諮詢的機會／討論逐漸白熱化
過去／原因	不要感情用事，冷靜做出判斷／變幻莫測，令人目不暇給／挑釁的態度／自詡為精英／燃燒鬥志	建議	為必將來臨的時機做好準備／不要錯過大好機會／節省浪費，提高效率／判斷時不要挾帶私情
戀愛	突如其來的邂逅或告白／出其不意的求婚／大膽追求使關係迅速發展／由對方領導的戀情	人際	一下子就打成一片／能夠開心暢談／快速拉近距離／很有看人的眼光
工作	可以用很棒的節奏處理工作／發揮能力／勇敢的行動或發言會帶來成功	金錢	靜下心來制定理財規劃／靠迅速的判斷增加獲利／存款以肉眼可見的方式增加

幸運物＆開運行動

 Lucky color
藍寶石色
一種穩定心神的深藍色。讓人可以專心工作或念書。

 Power Stone
虎眼石
強化洞察力和把握機會的行動力。對提升工作運或財運也有很好的效果。

寶劍皇后
QUEEN of SWORDS

兼具嚴厲與溫柔的人

　　坐在寶座上的皇后右手握著一把寶劍，左手掛著一串玫瑰念珠。垂直的寶劍象徵嚴格與紀律，伸出的手則代表接納對方的溫柔，正因為她是一位擁有豐富人生經驗的女性，才能夠保持嚴厲卻又慈悲為懷。冷靜而理智的態度會受到旁人的尊敬，然而不要過於批判也是很重要的。

塔羅牌的訊息
Message

Keyword >>> 客觀的判斷

嚴格／聰明／孤獨／深思熟慮／意志堅強／有常識／懂得悲傷的人

現在／結果	利用敏銳的觀察力來看清對方／長袖善舞／想要貫徹自己意志的時候／不要太拘泥於過去／只看著現實	未來	批評與自己不一樣的意見／帶著堅定的意志表達己見／開始學習／解除關係，變回一個人／安靜思考
過去／原因	認真面對所有事情／渾身散發出拒絕異性靠近的氣氛／表現得像陌生人一樣彬彬有禮／別把情緒表現在臉上／感到寂寞	建議	迂迴的表達方式反而會造成誤解／直接表達自己的心情／尊重個人特質／需要時間獨處／多與他人交流互動
戀愛	注意到對方不起眼的小地方／直率地向心儀對象表達意見，而加深情誼／不給人可趁之機的女性	人際	公平對待他人的方式／能夠在該說的時候直言不諱／誠實來往／富有知性的對談
工作	冷靜且精準到位的工作表現／不知變通／太正經八百／很在意別人的工作態度	金錢	有計畫地用錢／重視自身原則的儲蓄方法／在出現異狀的時後立刻察覺

幸運物 & 開運行動

 Lucky color
洋紅色
象徵愛情的顏色。會彰顯華麗動人的光彩和女人味。

 Power Stone
粉紅碧璽
魅力激發到最大值，人見人愛。提高愛情運。

寶劍國王
KING of SWORDS

判斷嚴謹而準確的人

國王一臉嚴肅地坐在有高聳椅背的寶座上，右手握著寶劍，用彷彿要將人射穿的銳利眼神凝視著正前方。翻到這張牌時，代表會如同兼具智慧與權力的國王那般擁有出色的判斷力，面對難題也能做出合理的處置。由於沒有情緒可以介入的空檔，要注意偶爾會讓人留下冷淡疏離的印象。

塔羅牌的訊息
Message

Keyword >>> 對己和他人一樣嚴格

理性的／權威／決斷力／客觀的／公正／正確的判斷／強而有力的領導者

現在／結果	做出理性且符合邏輯的判斷／充滿自信／應該徹底下定決心之後再付諸行動／控制住亂成一團的狀態
未來	讓事情有一個明確的結果／做出自己可以接受的決定／發揮作為領袖的能力／為正義而戰／以言語為武器／展開行動
過去／原因	能夠割捨情感／用冷靜的頭腦觀察事情／不被別人信任／精準的分析會對別人造成傷害／撲克臉
建議	凡事都要帶著自信去做／狠下心來嚴格要求也是為了對方好／善用過去的經驗會獲得線索
戀愛	不被感情沖昏頭，冷靜地面對對方／試圖看清本質／為曖昧的關係畫上休止符
人際	能夠以對等的立場商量事情的好對象／充滿智慧的人／現實主義者／有用的建議
工作	正面挑戰困難的工作／做出合乎現實的考量再下判斷／應變能力遭到考驗
金錢	在資產運用上活用理財資訊或專業知識／有計畫地儲備資金／沒辦法用普通的方式處理

幸運物＆開運行動

 Lucky color
琥珀色
這種顏色來自名為琥珀的寶石，會提升配戴者的品格。

 Power Stone
藍寶石
具備強韌意志，在工作運及人脈的建立上給予支持！

錢幣 A
ACE of PENTACLES

獲得物質上的滿足，踏上新的開始

　　正中間畫著五芒星的錢幣（金幣）象徵財力、財產等物質上的充實無虞。從雲裡面伸出來的手捧著一枚巨大的錢幣，下方則是一片被精心打理得美輪美奐的庭園。這張牌在暗示會有跳槽的邀請、結識新的人脈等等這種更具體的滿足從天而降，暗指將來會功成名就的可能性。

塔羅牌的訊息
Message

Keyword >>> 令人滿意的結果

成功／繁榮／實現願望／很有挑戰性／經濟上的穩定／下一個階段

現在／結果	將醞釀多年的計畫付諸實行的時刻／在社會上取得成功並獲得財富／得到額外的收入／暫時告一段落再重新出發	未來	朝著繁榮昌盛全力衝刺／至今為止的努力結出果實／得到想要的東西／滿足物質上的需求／確立堅若磐石的地位
過去／原因	充分獲得計畫所需的金錢或物品／滿足於現狀／沒有善用才能或人脈／沒有注意到需求	建議	從做得到的事情開始慢慢著手／制定不會強人所難的計畫／重視積極正向的思考方式／換個想法會比維持現狀帶來更好的結果
戀愛	愛情開花結果，感情十分穩定／幸福的一步／建立房子、小孩等伴隨著結婚而來的財富	人際	財務穩定的對象／高雅的人／人脈會帶來工作／可以信任的人際關係
工作	待遇穩定／努力有所收穫，被有頭有臉的人認可／將來會創造龐大利益的工作	金錢	可以有穩定的收入／財運上升／令人滿意的員工福利／投資

幸運物 & 開運行動

Lucky color
黃色
使心情變得樂觀開朗。活化追尋目標的能量。

Power Stone
藍色托帕石
能夠喚醒潛能，促進自我肯定。提升上進心。

錢幣 2
TWO of PENTACLES

邊保持平衡邊前進

有一個人打扮成小丑的模樣，像是在表演雜耍般地用雙手把玩著兩枚錢幣，彷彿要使他們在象徵無限的雙紐線之中永不停歇地來回滾動。最重要的不是「有多拼命」，而是「有沒有樂在其中」。在工作與生活之間取得平衡，巧妙地掌控林林總總的各項事務，這才是重點所在。

塔羅牌的訊息
Message

Keyword >>> 動作輕快靈巧

靈活／聰明能幹／適應力／流動的／隨機應變／千變萬化／樂在其中

現在／結果	可以在各種情況下採取最適當的行動／融入環境／靈活應對／可以同時做兩件事／發揮所長	未來	能夠判斷適當的時機／成功採取行動／可以隨心所欲地做自己想做的事／可以做喜歡的事／使現場的氣氛站在自己這邊
過去／原因	配合對象或情況改變自己／擅長保持平衡／待人處世過於圓滑／沒有後盾，全靠人氣／顧慮太多	建議	對身邊的人展現服務精神／以輕鬆的心情面對事情／珍惜這個當下／親切直爽的性格會吸引他人
戀愛	為了讓對方開心的約會／追求或告白要隨機應變／享受變化的戀愛	人際	熱烈地聊到忘記時間／很會臨機應變的人／能夠愉快交流的關係／關係對等的夥伴
工作	靠出類拔萃的應變能力做出成果／預測情況，進行協商／順利逃過一劫／同時進行	金錢	像玩遊戲一樣賺取金錢／兼差賺錢／靠著臨機應變度過危機

幸運物＆開運行動

Lucky color
胡蘿蔔色
充滿活力和社交力，把正面能量開到最強。

Power Stone
貴橄欖石
提升發掘新的自己的能量。

錢幣3

THREE of PENTACLES

歷經紮實的修行後所學到的技術

牌面上畫著一位身穿黃色圍裙的工匠，正一面與拿著設計圖的人們交換意見，一面進行教堂的興建或修復工程。工匠透過累積紮實的修行來磨練技術，從而被指派了這份工作。這張牌代表不懈的努力一定會結出豐碩的果實，以及互相取得信任、彼此通力合作的工作有多麼崇高。

塔羅牌的訊息

Message

Keyword >>> 努力會開花結果

腳踏實地／熟練／上進心／磨練技術／取得信賴／卯足全力／合作關係

現在／結果	腳踏實地慢慢努力，積少成多／機會會輪到你身上／獲得提拔／與周圍的人互相合作／努力會化為經驗派上用場／做事要有計畫性	未來	努力化成肉眼可見的成就／取得期待已久的成果／成為大幅躍進的契機／才能獲得認可／躋身於一流的行列／完成新的計畫
過去／原因	為了更上一層樓而設定目標／懷抱著遠大的志向學習技術／就連小細節也絕不妥協／過於執著／有很高的理想	建議	遵守程序／堅持自己的方式並不會帶來進步／先考到需要的證照／即使只是少少的努力，持之以恆才是最重要的／相信實力
戀愛	友情會變成愛情／彼此之間的距離會慢慢縮短／從喜歡的人身上學到很多	人際	待人要誠實／一次又一次地溝通／能夠和其他領域的人相互合作
工作	即使總是在做不起眼的工作也從不馬虎／被大大地提拔／實力受到好評／可能會升遷或升等	金錢	儘管金額不大，重點在於保持儲蓄的習慣／財運會愈來愈好／用努力換來的報酬

幸運物＆開運行動

Lucky color
酒紅色
富有深度的顏色會提高信賴，使熱情和能量變更強。

Power Stone
藍銅礦
帶來豐富的靈感、點子以及臨危不亂的應變能力。

錢幣 4
FOUR of PENTACLES

在擁有之後，學會放手也很重要

　　一個男人把四枚錢幣緊緊地抱在懷裡，彷彿可以聽見他在心裡吶喊「我死都不會放手」的聲音。人、物質和金錢都要不斷循環流動才會蓬勃發展。過於強烈的執著或自保心態會拖累自己的腳步。這張牌是在建議我們要保護自己的財產或所有物，先奠定穩固的基礎之後再進入下一個階段。

塔羅牌的訊息
Message

Keyword >>> 對豐足富饒的執著

擁有／執著／經濟能力／占有欲／安定／採取守備姿態／排斥變化

現在／結果	以踏實的作法取得想要的東西／拼命守護某樣東西以避免失去它／害怕自己的東西會被人搶走／對利益有強烈的執著	未來	想要堅持下去的強烈意志／卯足全力死不放手／維持現狀／在經濟上漸趨穩定／嚴格要求節儉的生活
過去／原因	期盼能得到想要的東西／不知該怎麼處理已經到手的東西／沒有做到有效的利用／不希望改變，拼命維持現狀	建議	即使滿足物欲也沒辦法解決最根本的問題／價值與內心的滿足形成正比／不要著急／藉由與他人互相理解感受到真正的喜悅
戀愛	生活平順的婚姻／確實感受到彼此的心意／心滿意足的戀愛／堅定不移的感情／同居	人際	與業界大老結下緣分／與對方締結的深刻情感將會在往後長久地維持下去／信賴關係
工作	靠一己之力完成自己的工作／業務內容開始獲利／穩固的計畫／進入穩定期	金錢	把賺來的錢全都用在自己身上／以確實的方法增加財富／維持過去建立的財富

幸運物 & 開運行動

 Lucky color
栗色
偏紅的棕色代表在固執難纏之中還有一顆堅定的心。

 Power Stone
琥珀
克制高漲的情緒並穩定心神。

錢幣 5
FIVE of PENTACLES

在經濟和精神上陷入絕境

　　一名衣衫襤褸的女子與另一名受傷拄著拐杖的男子赤腳在雪地中徐步而行。畫面充滿窮途潦倒以及悲慘壯烈之感，但這張牌同時也暗示了向身後的教堂求援就有可能獲救，抑或是兩個人互相扶持的關係。雖然可能會在工作或人際關係上遭遇挫折，不過只要放寬視野，就一定會找到解決辦法。

塔羅牌的訊息
Message

Keyword >>> 絕望中的一縷曙光

喪失／經濟上的貧困／不安／不健康／卑微／孤立無援／患難與共

現在／結果	覺得所有方面都處於停滯狀態／遇到困難，陷入四面楚歌的窘境／沒辦法求助／在金錢方面也毫無指望，為此傷透腦筋	未來	擔心到最後變成絕望／面臨困境／不湊巧／得不到想要的東西／情緒緊繃，無暇顧及其他
過去／原因	沒錢所以無法維持生計／無暇顧及身心，導致身體健康出現問題／沒有可以信任的人／體會到沒有任何地方是自己的歸屬	建議	對現在擁有的事物認真地表達感謝／不要再貶低自己／需要幫忙就要老老實實地尋求協助／救贖意外地近在身邊
戀愛	被分手／充滿絕望／婚姻生活徹底破滅／離婚並支付贍養費	人際	依靠的對象會離開自己／形成共依存關係／被別人害得損失慘重
工作	公司破產／遭到解雇／因為經營不善而倒閉／被指派麻煩的任務／嚴重的損害或損失	金錢	玩股票或投資失敗，導致自己瞬間虧了一大筆錢／難以獨力維持生計／深刻體會到什麼是貧窮

幸運物 & 開運行動

 Lucky color
褐灰色
放鬆身心，找回沉著冷靜。

 Power Stone
紫龍晶
幫助持有者克服自卑感及負面思考。

錢幣 6
SIX of PENTACLES

公平分配需求量的困難之處

　　一名外表看起來像是商人的男子正在把金幣分給另外幾個跪在地上的男性。他用天秤測量重量，由此可知這是一場公正且公平的分配。這張牌暗示你會根據他人的需求分享自己的所有物，對他人伸出援手。不過，要在給予幫助時不讓對方感受到上對下的關係著實是一件難事。

塔羅牌的訊息
Message

Keyword >>> 維持對等的關係

平等／分享／幫助／貢獻／雇傭關係／好心／精神上的餘裕／支持

現在／結果	內心從容不迫的時期／努力換來回報，願望順利成真／可以透過與他人分享某件事物以換取機會／認真思考的時候	**未來**	能夠獲得與努力相對應的報酬／其他人會如實接受你的好意／交易會進行得很順利／收到別人的回禮
過去／原因	只付出尋常的努力並不能如願以償／前所未見的關心或好意使其他人充滿戒心／無法坦然接受他人的好意	**建議**	不要只在乎表面上的得失／把注意力放在精神上的富足／珍惜寬容的心／重視互相幫助／參與志工活動
戀愛	對等的戀愛／透過為對方奉獻產生幸福感／想要取悅對方／令人高興的禮物／結婚	**人際**	同舟共濟的關係／平等地對待每一個人／視需求同心協力、互相合作
工作	認真的付出有了回報，因此獲得升遷／成果獲得讚賞／坐上自己想要的職位	**金錢**	會收到與期望相同的金額／收入正好適合現在的自己／買到不愧對售價的商品

幸運物＆開運行動

 Lucky color
山吹色

沉澱心靈並使精神面保持穩定。象徵富饒。對提升財運也有很好的效果。

 Power Stone
藍紋瑪瑙

締結會帶來益處的良緣，消除人際關係的壓力。

錢幣 7
SEVEN of PENTACLES

豎耳傾聽自己內心的聲音

　　男人用鋤頭撐著身體，默默盯著像成熟的農作物一樣長在樹上的錢幣。這張牌代表已經確認過自己用努力或勞力換來的成果，是時候繼續前進了。是對這次的收成感到滿意並蓄勢待發，還是大失所望並思考下一步要怎麼做，或是要就此放棄並選擇另一條路，一切都取決於你的一念之間。

塔羅牌的訊息
Message

Keyword ››› 面對成果

轉振點／評價／有所不足／不滿意結果／確認成果／觀察成長情況

現在／結果	會得到報酬，但數字不如預期／無法對結果感到滿意／需要重新確認情況／在考慮到結果的前提下放眼未來的時刻	**未來**	雖不滿卻也想不出解決方案／感受到極限／腳踏實地進步／遇到分歧點／為了擬定策略暫時休兵
過去／原因	對不如預期的結果感到失望／某個疏忽造成結果一落千丈／不知變通／不眠不休地工作導致正確性下降	**建議**	不需要大幅度的改變／想調整方向就只需要對目前的作法稍微下點工夫／不要馬上放棄／就算要花很多時間也要繼續等待
戀愛	在告白後沒有得到明確回覆的曖昧關係／約會很無聊／為理想與現實之間的落差而煩惱	**人際**	遭受不當的對待／互相指出對方的優點／感受到關係的極限
工作	對得不到高於實際努力的成果感到難以釋懷／差強人意的結果／缺乏策略或想得不夠多	**金錢**	對高額的報酬仍有所不滿／沒有得到最有機會得到的利益／還有成長空間

幸運物 & 開運行動

 Lucky color
薄荷綠　治癒壓力，能夠以煥然一新的心情開始做事。

 Power Stone
舒俱徠石　消除迷惘，擁有可以接納原原本本的自己或他人的心。

錢幣 8
EIGHT of PENTACLES

腳踏實地的努力會開花結果

　　一名像是工匠的男子待在一處遠離城鎮的靜僻場所非常認真地刻著錢幣。這張牌代表腳踏實地鑽研研究或學問，學到真正的技術，最終獲得肯定，成為獨當一面的專家；或是老老實實地累積經驗，讓周遭對自己心服口服。有時候，心無旁鶩、聚精會神地專注於眼前的工作也是有必要的。

塔羅牌的訊息
Message

Keyword >>> 勤奮態度得到肯定

專業性／努力／認真／學習技術／熱衷／修行／準備

現在／結果	即使遲遲沒有出現成果也不要疏於努力／開始精進自己的時機／專注於眼前的事／追根究柢、堅持不肯妥協的時期	未來	結果終究會落到自己手中／能夠取得成果／會遇到好老師／付出大量的努力才終於成功／可以獲得恩惠／考到證照或學會技能
過去／原因	一點一滴累積紮實的努力／專心致志／正在做一件要等很久才會有結果的事／不屈不撓地堅持下去／學習技術學到一半	建議	不畏失敗的精神／一再重複才是最重要的／謙卑有禮的應對會在將來帶來好處／不要靠自學，而是該學習正確的知識
戀愛	花時間慢慢拉近距離／要重視若無其事的關心和頻繁聯絡／最後會兩情相悅	人際	花時間與對方面對面交談並獲得理解／正直而誠實的態度／回覆很快／沒有惡意的人
工作	學習可以在想要的工作上加以利用的技能／認真做好預習和複習／才華遲早會顯露出來	金錢	為了買想要的東西存錢／長期定存的金額達到上限／技術或知識會帶來報酬

幸運物 & 開運行動

　Lucky color　帶來溫暖和平靜，
　米白色　　　使內心產生餘裕。

　Power Stone　具備冷靜而精準的
　　　　　　光玉髓　　　判斷力，指引我們
　　　　　　　　　　　　前往正確的方向。

錢幣 9
NINE of PENTACLES

協助者的出現使自己得以達成目標

　　穿著漂亮連身裙的女子正在庭院裡悠然漫步，手上還停著一隻小鳥。她的舉手投足高貴優雅，背後是一整面結實累累的葡萄，足以窺見她在經濟上不虞匱乏，又或者是一位成功人士。出現這張牌代表可以得到周遭的支持，例如至今為止的努力或才華會得到認可，或是會出現堅實可靠的後盾。

塔羅牌的訊息
Message

Keyword >>> 把握機會

支援／出人頭地／充滿魅力／獲得他人的喜愛／富裕的生活／被長輩疼愛

現在／結果	意外獲得賞識／更上一層樓／得到出乎意料的幫助／接受恩惠／努力會有所回報	未來	被賦予表現的舞台並大獲成功／認識有權有勢的人／會交到男友或女友／在支持者的幫助下成功獨立／遇到可以一展長才的情況
過去／原因	過去的成就會得到認同／被來幫忙的人扯後腿／充滿自信的態度顯得狂妄自大／招人反感／對成功的嫉妒	建議	充滿感謝地接受別人的幫忙／獲得他人的偏愛也是實力的一環／尋找可以讓自己更引人矚目的方法／不要錯過表現的時機
戀愛	接受告白或求婚／戀情修成正果／交往對象的家人對你很滿意／嫁入豪門	人際	人望很高、才華洋溢的朋友／來自周圍的支持／出現願意提拔自己的人
工作	才能獲得賞識，藉此抓住機會／得到強而有力的後盾／獨立創業	金錢	可以順利籌到資金／強調自己缺錢的招式開始奏效／賺大錢的機會即將到來

幸運物 & 開運行動

Lucky color
薰衣草色

在撫慰人心的顏色當中最具代表性。感性也會隨之提高。

Power Stone
青金石

保護我們不被看不見的負能量影響。

錢幣 10
TEN of PENTACLES

生命與富饒那綿延不絕的連鎖

　　畫面中的老人、中年人、小孩和小狗都在一間大房子裡齊聚一堂，模樣悠閒自在。另外還有十枚錢幣被排列成「生命之樹」的形狀。這張牌上畫著豐足、幸福、愛情、繁盛這些人生的集大成，像是在表達這些會從父母傳給孩子、再從孩子傳給孫子，一代又一代地傳承下去。

塔羅牌的訊息
Message

Keyword ››› 代代相傳的事物

繼承／循環／幸福／繁榮／家庭和樂／集大成／責任／世界變得完美無缺

現在／結果	過著物質豐足的生活／可能會利用繼承到的財產繼續壯大／正處於應重視傳統和文化的情況／繼承或傳承的預兆	未來	家業興旺，轉讓財產／世代交替／被賦予重責大任／家庭成員增加／獲得財富，生活變得更加富裕／需要管理資產
過去／原因	功成名就，得以過著優雅的生活／身心都得到滿足／以為保持現狀是最安全的／過分執著於規則	建議	妥善完成被派遣的任務／以普通的幸福為目標／注重形式／注意別把好的東西或能力放著不用
戀愛	條件無可挑剔的對象／介紹給家人／隨心所欲的婚後生活／會有孩子	人際	以強大的凝聚力團結在一起的夥伴／收到朋友出讓的寶物／透過人脈來開拓財運
工作	成功完成專案並獲得升遷／一流企業／眾人團結起來使公司蓬勃發展	金錢	玩股票或投資成功／理財進行得很順利／繼承遺產／在屬於自己的房子裡過著豐衣足食的生活

⚡ 幸運物 & 開運行動

 Lucky color
金黃色　擁有充實與幸福的感覺，提升自信心。最強的招財色。

 Power Stone
翡翠　帶來能夠使努力開花結果、達成目標的能量。

錢幣侍從
PAGE of PENTACLES

蘊藏無限可能性的年輕人

在一片蓊鬱的平原上，一位年輕人正用雙手捧著錢幣，專心地凝視著它。那副眼裡看不見周圍的模樣說明了他高度集中的注意力與認真的態度。或許是礙於年紀尚輕或經驗不足，他目前還沒有被賦予重責大任，但這樣的勤奮勢必會在不久後的將來受到肯定。一定有人把你背後的努力看在眼裡。

塔羅牌的訊息
Message

Keyword >>> 將所學化為力量

全心投入／探究心／增加實力／一心一意／研究／上進心／認真努力的人

現在／結果	花時間累積實力的時期／需要用很多時間來認真面對／學東西的時機／現在的努力會成為未來的優勢	未來	勤勉不懈會帶來好評／藉由認真工作取得成功／踏上自己的志願／腳踏實地朝目標邁進／增進知識或技能
過去／原因	好好學習，鍛鍊實力／認真的態度卻造成反效果／總是看到別人不好的一面／在意各種小細節／下手不知輕重	建議	花時間慢慢做，而不是急著要做出結果／用努力為未來埋下種子／與其挑戰困難，還不如選擇安全的路／保持自己的步調
戀愛	緩慢成長的戀情／誠實面對對方才是關鍵／見面的頻率會增加／單戀會修成正果	人際	真心待人／花時間建立信賴關係／逐漸升溫的友情／交到好朋友
工作	帶著上進心投入工作／日後的表現備受期待／勤奮的態度會讓你更快出人頭地	金錢	善於理財／專注於財務管理／能獲得與工作相應的報酬／踏實的金錢觀

幸運物 & 開運行動

 Lucky color
褐色　　緩解緊張，帶來信賴與平靜。提升工作運。

 Power Stone
黃水晶　　為戰勝壓力的強大內心提供支持，消除不安。

錢幣騎士
KNIGHT of PENTACLES

憑藉不屈不撓的精神取得成果

　　一位騎著黑馬的騎士正把錢幣拿在手中遙望遠方。黑馬看似一動也不動地停在原地，厚實穩重的安定感像是在展現騎士的腳踏實地與刻苦耐勞。這張牌代表雖然步伐緩慢，但會用更多的時間穩紮穩打地逐步前進。縱使沒有成為萬眾矚目的焦點，這些成果也一定會得到很高的評價。

塔羅牌的訊息
Message

Keyword >>> 一步步向前邁進

踏實／勤勉／謹慎／責任感／認真努力的人／不屈不撓／堅忍不拔／長遠的眼光

現在／結果	負起責任，決心前進／堅持且踏實地前進／必須專注於一件事情的時候／需要努力／以強大的精神力面對挑戰	未來	堅持忍耐才會看到一絲曙光／以踏實的努力達成目標／情況會讓自己心服口服／得到周遭的信任／實現長久以來的願望
過去／原因	在確實掌握現況之後做出冷靜的判斷／責任感太強／過度努力／對工作認真過頭／展現忠心卻弄巧成拙	建議	累積努力／選擇緩慢但能確實做出成果的方法／在心裡想著成功以保持動力
戀愛	膽小害羞的對象／沒辦法展開追求／忍耐到最後才會實現戀情／害怕關係的進展	人際	值得信賴的對象／秉持著責任感真誠以待／互相砥礪的關係／締結堅若磐石的連結
工作	就算是需要花很多時間的工作也要耐著性子去做／獲得實在的技能／認真制定計畫	金錢	一次一點點的小額儲蓄／珍惜金錢／可以存到足夠的錢／以確實的作法增加利益

幸運物＆開運行動

 Lucky color
芥末黃
光是配戴在身上就能擁有好心情、充滿動力。

 Power Stone
檸檬晶
象徵繁榮、豐饒的能量石。聚集人望，改善財運。

錢幣皇后
QUEEN of PENTACLES

比起自己更優先關照他人

　　皇后坐在一張富麗堂皇的寶座上，無比珍惜地凝視著放在腿上的錢幣。她坦然接受一切，試圖找到合乎現實的結論，這樣的她象徵的是踏實可靠、溫柔體貼、宛如母親般的存在。請謹記，現在比起自己，更要照顧他人，扮演為身邊的人帶來療癒的角色。這些所作所為總有一天會回饋到自己身上。

塔羅牌的訊息
Message

Keyword >>> 溫柔將一切擁入懷

寬容／守護／勤勞／現實的／包容力／產生共鳴／生產力／援助／誠實

現在／結果	獲得平穩的運勢／以良好狀態建立某件事物的時機／栽培他人的時期／拼命地守住自己的世界	未來	根據保守的思維採取行動／擁有適合的環境／出現幫手／目標會具體成形／有預感可以獲得物質上的滿足
過去／原因	大方的態度招來意想不到的結果／在各方面都無懈可擊的模樣引人反感／周遭的人對自己抱有偏見／找到必須守護的事物／沒有充分地表現自我	建議	先從形式開始做起／做好萬全的準備／吸收大量的知識及教養／鍛鍊出不管發生什麼都不為所動的精神力／累積經驗
戀愛	正式的伴侶／以結婚為前提交往／勤勞而平順的戀愛／機靈的對象／利用結婚獲得好處	人際	毫無隱瞞的關係／互相給予幫助和支持的關係／成為別人的力量／締結穩固的友誼
工作	有培養部下的才能／在能夠同心協力的環境下發揮所長／確實留下成果	金錢	花錢從不浪費／腳踏實地地增加存款／能夠避開風險／以確實的作法獲得利益

幸運物&開運行動

Lucky color
嫩粉色

對人萌生出愛與關懷，內心自然而然地平靜下來。

Power Stone
草莓晶

提升開朗、有活力、充滿女人味的氣質以增加魅力。

錢幣國王
KING of PENTACLES

抵達物質豐足的頂點

國王坐在一張有公牛雕刻的氣派寶座上,右手握著權杖,左手拿著錢幣。華麗鋪張且氣度不凡的模樣,顯示他已經在社會和經濟上取得成功,正站在率領眾人的立場。這張牌是會被身邊的人依靠的徵兆,譬如被交付重要的工作或是被指派為領導人。切記要一直保持謙虛的態度參與其中。

塔羅牌的訊息
Message

Keyword >>> 財力與權力

成功／尊嚴／成績／統御力／做出成果／經濟上的安定／社會地位

現在／結果	選擇最好的作法取得成功／有望獲得成果／必須保持冷靜、慢慢進行／獲得充實的預兆	未來	建立穩固的地位／獲得財富和權力／確實做出成果／得到與實力相符的報酬或職位／可以為社會做出貢獻
過去／原因	具備符合現實的思維／充滿壓迫的言行舉止／不重視過程／只看結果／想控制身邊的人	建議	可以相信自己的想法付諸行動／既然要做就要做到成功／不要半途而廢／借助旁人的力量／對幫忙的人表達感謝
戀愛	長長久久的關係／充滿包容力、令人感到可靠的對象／保證會獲得繁榮與幸福的戀愛	人際	值得信賴的對象／站上統御眾人的立場或地位／在金錢方面得到協助
工作	經驗老到的經營者／增加利益,大獲成功／站在業界的頂點／迅速功成名就／高超的技術	金錢	成為資產家／打造財富／善於變通／財富隨著地位的提升而增加／財運變好

幸運物 & 開運行動

Lucky color
紅豆色

會保護持有者不受邪惡侵襲。

Power Stone
琥珀

克制高漲的情緒並穩定心神。

小阿爾克納的象徵意義

小阿爾克納分成用數字表達意思的數字牌以及
藉人物表達意思的宮廷牌。
認識每個數字和人物會加深我們對牌的理解。

數字

每一種花色（符號）的數字牌都有跟編號一樣多的對應圖案。
讓我們來看看這些數字的意思及特徵吧！

A（Ace）

一切事物的起點

從雲裡面伸出來的手抓著
每一種花色的象徵符號，
代表事物即將揭開序幕的
純粹而強大的能量。

權杖 A　　　聖杯 A　　　寶劍 A　　　錢幣 A

2

**在一分為二的
兩者之間做出選擇**

在 A 開始的故事一分為
二。象徵男女、善惡、黑
白等相對的事物，代表煩
惱或選擇的必要性。

權杖 2　　　聖杯 2　　　寶劍 2　　　錢幣 2

3

最早出現的形象

「3」會在兩者之間再加
上什麼，是代表調和的數
字。從花色的能量中會誕
生出新的事物。

權杖 3　　　聖杯 3　　　寶劍 3　　　錢幣 3

4

世界安定的平衡

「4」是代表世界和平安
泰、井然有序且保持平衡
的數字。雖然故事尚未結
束，但會在這裡暫時告一
段落。

權杖 4　　　　聖杯 4　　　　寶劍 4　　　　錢幣 4

5

崩壞、改變等
分歧點

在「4」安定下來的世界
分崩離析，再次迎來巨大
改變。在邁向下一個階段
之前，會先在這裡遭遇混
亂或變化。

權杖 5　　　　聖杯 5　　　　寶劍 5　　　　錢幣 5

6

協調中的對比

「6」自古以來就是象徵協
調的數字，牌面上同時也
畫出了對比、不平衡以及
其中一方的優勢。

權杖 6　　　　聖杯 6　　　　寶劍 6　　　　錢幣 6

7

反省過去的時刻

不讓情況滯留在「6」的
協調狀態，而是試圖採取
行動。在這裡需要回顧過
去、反省改進並將結果運
用在從今往後。

權杖 7　　　　聖杯 7　　　　寶劍 7　　　　錢幣 7

小阿爾克納的牌義＝花色 × 數字（人物）

小阿爾克納由四種花色組成，每一種花色可以再進一步細分成A～10的數字以及四個人物。也就是說，我們可以把小阿爾克納的牌義想成是花色的意義結合數字（或人物）的涵義。以「權杖2」為例，把權杖的「熱情、行動力」和2的「分歧、選項」結合在一起，就可以解釋成目標行動的分歧點。

```
        權杖 2
┌──────────────────┐
│ 權杖  熱情、行動力 │
└──────────────────┘
        ×
┌──────────────────┐
│  2    分歧、選項   │
└──────────────────┘
        ⇓
┌──────────────────┐
│  目標行動的分歧點   │
└──────────────────┘
```

8

前往下一個階段

「8」是「四」大元素的倍數，代表物質上或現實中的事物。是時候為繁榮或新的可能性進入下一個階段改變現狀了。

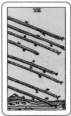
權杖 8

聖杯 8

寶劍 8

錢幣 8

9

即將完成之前的成熟期

代表已經到達距離完成只差臨門一腳的地方了。在精神上也已經發育成熟，來到要為過去種種進行總結的階段。

權杖 9

聖杯 9

寶劍 9

錢幣 9

10

花色故事的完成

1～9的故事會在此完成並顯示結果。然而，在這些看似已經完結的故事前方，仍然有新的開始在等著他們。

權杖 10

聖杯 10

寶劍 10

錢幣 10

人物

宮廷牌的牌面是每個人物拿著不同花色的象徵符號。
把從圖中感受到的印象或靈感也放進解釋裡面吧！

侍從

**缺乏經驗但純真無邪
的年輕見習騎士**

侍從不分性別，代表未成
年的青少年或兒童。雖然
經驗少又不成熟，但純真
且朝氣蓬勃的模樣帶來滿
滿的可能性。

權杖侍從　　聖杯侍從　　寶劍侍從　　錢幣侍從

騎士

**聰明又具行動力的
美麗騎士**

騎士代表年輕氣盛的青
年，是會積極採取行動的
英雄人物。他駕馭馬匹的
樣子也是解牌的線索。

權杖騎士　　聖杯騎士　　寶劍騎士　　錢幣騎士

皇后

**穩重、成熟又
有包容力的皇后**

皇后代表所有女性以及具
備女性特質的溫柔男性。
有滿滿的愛與包容力，象
徵冰雪聰明又冷靜沉著的
女性。

權杖皇后　　聖杯皇后　　寶劍皇后　　錢幣皇后

國王

**充滿自信與威嚴的
強大國王**

國王代表具有社會地位的
成年男性。有責任感、自
信心以及經濟能力，是帶
領周遭前進的領導者。

權杖國王　　聖杯國王　　寶劍國王　　錢幣國王

牌面圖案的象徵意義

仔細觀察塔羅牌的圖案也會讓我們更容易記住牌義。
本節將介紹藏在顏色或背景當中的涵義並舉出例子。

顏色

塔羅牌的「顏色」是解牌時的一大重點。
讓我們來試著觀察顏色要表達的印象或形象吧！

紅色

象徵生命的紅色代表熱情、愛情、積極性、欲望、強烈的心意或男性特質。

例 ▶ 皇帝、教皇、正義、聖杯3、
　　　權杖2、錢幣6

橘色

混合紅色和黃色的橘色代表意欲、強而有力或積極主動的能量。

例 ▶ 皇帝、太陽、權杖侍從、
　　　權杖騎士、錢幣2

黃色

象徵太陽和光明的黃色代表幸福、滿足、收穫、成長、財運或事情的好轉。

例 ▶ 愚者、力量、權杖4、權杖的宮廷
　　　牌、聖杯9、錢幣侍從

綠色

經常用來描繪植物的綠色代表成長、可能性、生命力、青春或希望。

例 ▶ 星星、月亮、聖杯4、權杖7、
　　　權杖8、錢幣侍從

藍色

彰顯強大精神力的藍色代表知性、沉穩、
冷靜、神祕性或人的內心。

例 ▶ 女祭司、節制、星星、世界、
聖杯國王、寶劍騎士

棕色

象徵大地的棕色代表安定、堅定不移的信賴、
豐饒或謙虛。

例 ▶ 權杖10、聖杯2、聖杯10、錢幣8

灰色

象徵宇宙神祕的灰色代表不安、神祕、轉變的
過程或兩者皆非的狀態。

例 ▶ 教皇、隱士、吊人、死神、
權杖2、寶劍3

紫色

混合紅色和藍色的紫色是被用來表現高貴的顏
色，代表崇高或高尚。

例 ▶ 戀人、聖杯皇后、寶劍國王、
錢幣皇后

白色

象徵神聖的白色代表純潔、純真、一塵不染或
事物的開始。

例 ▶ 節制、審判、聖杯A、
寶劍侍從、錢幣A

黑色

令人聯想到黑暗的黑色代表內心的欲望、祕密
或終結。

例 ▶ 惡魔、高塔、聖杯5、
寶劍9、寶劍10

背景及各種物品

畫在塔羅牌上的各種物品隱藏著許多解牌的蛛絲馬跡。
認真觀察出現在牌面上的自然景象或人物，
想想他們的代表意義吧！

跟自然有關

天空、天氣

太陽、彩虹和晴空象徵成功、幸福或光明的未來。多雲的天空代表前景不透明，下雪代表情況嚴峻。下雨象徵淨化，同時也暗示悲傷。

例 ▸ 太陽、聖杯7、
聖杯10、
寶劍侍從、
寶劍騎士

水岸邊

風平浪靜的大海代表冷靜安定的狀態，波濤洶湧則代表不穩定的局面。流動的河水是淨化或溝通的象徵。池塘之類的水岸邊則代表深層心理或無意識。

例 ▸ 愚者、月亮、
星星、寶劍2、
寶劍6、錢幣2

植物

紅玫瑰象徵熱情或愛情，白玫瑰象徵純潔或尊敬，向日葵象徵生命力，葡萄象徵收穫或豐饒。代表希望的鳶尾花也是希臘神話的象徵。

例 ▸ 魔術師、女祭司、
聖杯3、權杖皇后、
錢幣國王

動物

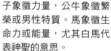

動物有時也會被當成人類來解釋。狗象徵同伴，獅子象徵力量，公牛象徵繁榮或男性特質。馬象徵生命力或能量，尤其白馬代表神聖的意思。

例 ▸ 力量、月亮、
世界、聖杯騎士、
錢幣10、錢幣騎士

跟人物有關

穿在身上的衣物

例如權杖7的男人不知道是不是因為過於驚慌，左右兩隻腳穿不一樣的鞋子。而權杖侍從和愚者的帽子上都插著一根紅色羽毛，彰顯人物純真無邪。

例 ▶ 隱士、吊人、權杖7、權杖侍從

拿在手上的物品

劍是知識、力量或懲罰的象徵。隱士手裡的提燈有指引眾人的功能。枴杖及棍棒是象徵權杖的原始工具，也代表武器或智慧的意思。

例 ▶ 愚者、隱士、正義、世界、權杖2

表情

嚴肅或傷心的表情也經常直接反映出人物的心理，譬如吊人置身於痛苦之中的開朗表情，也表示可以對幸福的未來充滿期待。

例 ▶ 吊人、隱士、高塔、寶劍5、寶劍9

衣服上的花紋

愚者身上的牽牛花暗示出發，石榴象徵女性特質，想表現富足的時候就用葡萄等等，衣服上的花紋也被賦予了各種涵義。

例 ▶ 愚者、女祭司、聖杯侍從、錢幣9

其他

十字架

十字架以安卡十字架或基督教十字架等樣式出現在牌面上，象徵生命、救贖或是教皇。

例 ▶ 女祭司、皇帝、教皇、吊人、審判

圖形

正方代表穩定，三角代表調和。圓象徵完整性，8字形符號象徵永恆。

例 ▶ 魔術師、正義、節制、錢幣4

建築物

代表物質性的價值觀或現實世界。尤其門和柱子在畫面裡被視為區分不同世界的界線。

例 ▶ 女祭司、正義、高塔、錢幣3

船

象徵著開啟一趟新的旅程、航行或是靈魂將前往另一個世界。

例 ▶ 死神、審判、寶劍6

人物面對的方向

正面

表示有意要好好解決眼下問題的認真態度。也代表不會跟著情緒走，而是有自己的想法。

例 ▶ 女祭司、皇帝、教皇、戰車、正義、寶劍國王

側面

表示正在從不同的面向處理課題。也有說法認為，往左象徵過去或無意識，往右象徵未來或意識。

例 ▶ 愚者、隱士、死神、權杖6、權杖侍從

後面

表示逃避或根本沒看見自己的課題。有些牌的圖案則代表準備前往下一個階段。

例 ▶ 權杖3、權杖10、聖杯8、寶劍6

人物的數量

一個人

畫面只有一人的話，可以想成是問卜者自己。是在解釋情況、給予忠告或進行暗示，就根據煩惱或占卜主題來解釋吧！

例 ▶ 魔術師、節制、星星、權杖2、錢幣侍從

兩人以上

雖然需要分辨自己被投射在哪一個人物身上，但按照在看到牌的當下所產生的第一印象來解牌就可以了。

例 ▶ 教皇、審判、權杖5、聖杯2、錢幣3

沒有人

假如畫面裡沒有人物，代表有可能是以抽象或空間的概念來表示情況。請把這些牌理解成整體運勢的走向吧！

例 ▶ 命運之輪、月亮、權杖A、權杖8

4_章

4 章

塔羅知識 大解密

源自於遊戲紙牌的塔羅牌
演變成蘊含神祕力量的卡牌，
讓我們一起來學習塔羅牌的
歷史以及使用術語吧！

歷史悠久
且命中率極高的塔羅占卜

塔羅占卜被視為反映人心的明鏡，究竟有著什麼樣的力量呢？
讓我們一起來學習塔羅占卜的基本概念吧！

反映人心、
預知未來的神祕占卜

塔羅占卜是一種運用22張大阿爾克納以及56張小阿爾克納、總共78張塔羅牌的占卜方式。塔羅牌在15世紀就已經完成，相傳這種工具融入了奠基於智慧及傳統的神祕學思想。從抽到的牌接收自己此時此刻所需要的訊息，此過程是如此神祕。而這也能解釋成是塔羅牌滲透了你的內心，試圖把真相告訴你吧。在想破頭也找不到答案時，塔羅占卜會為你照亮前方的路。

利用偶然性的
一種「卜術」

世界上有各式各樣的占卜方式。根據生辰八字等資訊來占卜的「命術」、參照面相或手相等形貌來占卜的「相術」，以及利用偶然發生的現象來占卜的「卜術」。據說日本彌生時代的卑彌呼精通「卜術」。塔羅占卜是針對像抽籤一樣偶然抽到的牌進行解讀，因此也被視為「卜術」之一。就算沒有任何資訊、就算沒看到臉或手，只要手上有一副塔羅牌，隨時隨地都能輕鬆占卜。

透過反覆練習
來提高命中率

塔羅占卜在為數眾多的占卜當中被認為是命中率特別高的一種，但占卜者並不需要具備任何特殊能力。每個人都能輕易實踐。而且還會在持續的過程中學會操作和解牌的方法，算得愈來愈準，簡直不可思議。也有人認為塔羅牌本身的架構是為了接收來自無意識的自我或宇宙的訊息，因此命中率才會這麼高。透過塔羅牌和占卜者的能力導出正確答案，這才是塔羅占卜真正的價值所在。

隨時隨地
都能占卜！

？大阿爾克納與占星術之間有關聯嗎？

文藝復興時期的西歐盛行占星術，人們開始產生聯想，認為十二星座與十顆行星會對應到塔羅牌的大阿爾克納。例如「魔術師」對應到水星、「皇帝」對應到金牛座，每一種組合都有各自的關鍵字。詳情請參考P.201。

塔羅占卜
為何料事如神？

塔羅占卜是指從洗過牌的牌堆隨機抽牌，從這些牌的排列組合導出答案。從偶然抽中的牌裡面，會出現對你或問卜者有意義、對人生起到幫助的建言。據說這是因為塔羅牌的牌堆結構對應到猶太神祕主義中的「生命之樹」，是為了解釋這個世上的森羅萬象所設計的。

此外，當事人的意識、宇宙的傾向以及占卜者的意識互相重疊，從而產生名為「共時性」（synchronicity）的「有意義的巧合」，這或許也是人們之所以說塔羅占卜料事如神的原因也說不定吧。

如何接受
塔羅占卜的結果

塔羅占卜有時也會因為抽到的牌而出現令人害怕的結果。但縱使出現對「未來」或「結果」有負面涵義的牌，那些頂多也只是「繼續維持現狀會有的結果」。而且在解讀整個牌陣的過程當中，應該會發現其中也包含用來阻止想避免的未來化成現實的建議。採納這些建議，未來或結果就會自然而然地產生變化。即使出現的結果顯示，你所期望的未來不會實現，那也可能是代表另一條更適合你的路。別讓心情跟著結果起起伏伏，認真接收現在該接收的訊息，將其應用在人生之中吧！

未來會改變，轉心換念吧！

塔羅占卜並不是用來預測遙遠的未來。未來會隨著想法的轉變發生變化。請記住，提問者會在看到占卜結果之後再決定要怎麼做，因此未來是可以靠自己改變的。

塔羅牌的歷史

儘管沒有確切的起源，
相傳塔羅牌是誕生於中國和印度的遊戲紙牌傳入西歐，
並在文藝復興時期的義大利加上插圖。

遊戲用的塔羅牌在義大利掀起熱潮

義大利米蘭有一幅在 1440 年左右繪製的壁畫，描繪了貴族們用塔羅牌玩遊戲的樣子；而在正式的紀錄當中，也有留下米蘭公爵熱愛紙牌遊戲的相關記載。在文藝復興時期的義大利貴族之間，遊戲用的塔羅牌相當盛行。

伊斯蘭文化圈的紙牌遊戲

位於土耳其伊斯坦堡的托普卡匹皇宮（Topkapi Palace）保存了據說是在伊斯蘭文化圈被創造出來的「馬木路克牌」（Mamluk Card）。相傳伊斯蘭文化圈從大約 13 世紀開始就已經有紙牌遊戲，但一般認為現存的紙牌是 15 世紀的產物。

紙牌遊戲也傳入日本

在戰國時代的日本，西方的紙牌遊戲已經透過葡萄牙傳進了日本。另外還有一種類似花牌、稱為「宇武須牟加留多」（UNSUNKARUTA）的日本特有的紙牌遊戲。

13 世紀　　**15 世紀**　　**17 世紀**

「維斯康提塔羅牌」誕生 ⇒ P172

「馬賽塔羅牌」誕生 ⇒ P173

出現在中國和印度的紙牌遊戲

相傳在唐朝的中國以及很久以前的印度都曾出現過遊戲紙牌。

現存最古老的馬賽塔羅牌問世

法國的尚・諾布雷（Jean Noblet）在 17 世紀中期左右製作的塔羅牌被視為現存最古老的「馬賽塔羅牌」之一，目前存放在巴黎的法國國家圖書館。

塔羅牌的確立

根據英國塔羅研究專家麥可・達米特（Michael Dummett）所言，塔羅牌確立於 1420～1450 年之間。有一說認為，位於巴黎的圖書館收藏的 17 張牌，是在 1392 年左右為法國查理六世所繪製的「現存最古老的塔羅牌」，但後世透過研究發現，這些牌實際上創作於 15 世紀。

大眾取向的占卜書開始在美國販售

隨著時代演進，塔羅牌開始在美國大量生產。被譽為「塔羅占卜之母」的伊登・葛雷（Eden Gray）在1960年出版的大眾取向塔羅占卜入門書《揭露塔羅》（The Tarot Revealed）成為暢銷書籍；再加上反主流文化運動的影響，以全新的觀點在一般民眾之間廣為傳布。

發表「埃及起源說」

1781年，法國的傑柏林（Antoine Court de Gébelin）出版了《原始世界》（Le Monde primitif），「塔羅牌是源自於古埃及的神祕工具」，這樣的論述開始廣傳（透過解圖埃及聖書體，塔羅牌並非出自埃及已經在現代獲得證實）。

塔羅牌在日本蔚為流行

到了1930年代，塔羅牌也開始在日本被大肆宣傳，和始於1974年的超自然熱潮一起風靡社會。1990年以後，塔羅牌在少女雜誌以及女性雜誌上被大篇幅報導，使人氣進一步水漲船高。

首位職業塔羅占卜師大放異彩

法國的埃特拉（Etteilla）以占卜師的身分嶄露頭角（相傳他是史上第一位塔羅占卜師）。他在1783年出版了《如何用名為塔羅的紙牌取樂》一書，影響甚鉅。

18 世紀　　　**19** 世紀　　　**20** 世紀

「偉特史密斯塔羅牌」誕生 ➡ P173

出現「阿爾克納」這個名詞

人稱近代魔法之父的法國人伊萊・列維（Éliphas Lévi）將塔羅與密教思想「卡巴拉」進行連結。學習此概念的保羅・克里斯蒂安（Paul Christian）在1863年的著作《杜樂麗的紅線》（L'homme rouge delle Tuileries）中，首次將有圖案的塔羅牌命名為「阿爾克納」（拉丁文「祕密」之意）。

成立「黃金黎明協會」

1888年，魔法結社「黃金黎明協會」（Hermetic Order of the Golden Dawn）在英國成立。該學會針對塔羅牌、煉金術以及天使論等神祕學理論進行系統化，在大約10年的活動期間，對世人造成偌大的影響。

塔羅牌的基本圖書問世

法國神祕學家帕布斯（Papus）在1889年出版的《波西米亞的塔羅》（Le Tarot des Bohémiens），據說是第一本用整本書介紹塔羅牌的書籍，也是至今仍在發行的基本圖書之一。

塔羅牌的變遷

塔羅牌作為貴族們玩遊戲用的紙牌開始普及，
曾經隨著時代的演進發生變遷。
本節將介紹最具代表性的三種牌組。

隨著時代更迭出現特色鮮明的塔羅牌

雖然起源眾說紛紜，但正如前述，相傳塔羅牌是在中國和印度興起的遊戲紙牌傳入西歐，變成貴族之間用來玩樂的紙牌。後來，人們把這種牌當成占卜工具深入考察，在過程中加入了正位和逆位的不同解釋，作為連結宇宙或深層意識的特殊卡牌開始廣泛流傳。

從手工繪製的華麗牌面開始，再到隨著印刷術的發達出現的木版畫牌，以及後來充滿強烈魔法元素的象徵和構圖等等，誕生了蘊含創作者意圖或思想的各種牌組。其中，出自反基督教思想的英國魔法師亞歷斯特・克勞利（Aleister Crowley）之手的牌組，在表現手法上獨樹一格，曾獲得宛若邪教般的超高人氣。

而現在也出現了以動物等圖案為主或是富有設計感的牌組，有不少人把他們當成美術品來收藏。

15世紀　維斯康提塔羅牌

這套牌是15世紀末誕生於義大利米蘭公國的現存最古老的塔羅牌。據說是為了在當時權勢如日中天、史佛薩家的第一位米蘭公爵——弗朗切斯科・史佛薩（Francesco Sforza）所繪製的。牌面全都是純手工描繪的華麗圖畫，有些牌上還畫著與史佛薩家以及同為名門的維斯康提（Visconti）家都淵源深厚的紋章。現存的維斯康提塔羅牌有11副，但每一副都少了幾張牌。後人複製出接近完整的版本，現在也有在市面上流通。

17~18世紀 馬賽塔羅牌

到了版畫讓大量生產化為可能的時代，塔羅牌也傳入庶民階級。在歐洲最為普及的牌組，是冠上法國南部地名的馬賽塔羅牌（Tarot of Marseilles）。這套牌與後來流行的偉特史密斯塔羅牌之間的差別，在於大阿爾克納的順序不同（第8張和第11張顛倒），以及小阿爾克納沒有畫出人物、只有標示數字。由於大阿爾克納的畫風抽象，再加上圖案內藏玄機的特徵，占卜者需要具備高超的解牌技巧。

Nichiyu Co.,Ltd.／東京塔羅美術館

19世紀 偉特史密斯塔羅牌

這是目前最多人使用的塔羅牌組。由確立現代塔羅牌定義的祕密結社「黃金黎明協會」（P.171）的成員亞瑟・愛德華・偉特（Arthur Edward Waite）進行構思，再由畫家潘蜜拉・柯爾曼・史密斯（Pamela Coleman Smith）為總共78張的每一張牌繪製圖案，掀起了一股盛大的塔羅牌熱潮。圖中包含黃金黎明協會的祕密儀式以及卡巴拉等神祕思想，容易產生聯想的圖案也在初學者之間大受歡迎。本書的解說也是以偉特史密斯塔羅牌為基準。

AGM-Urania

塔羅牌術語集錦

本節統整了塔羅占卜會用到的專業術語。有些沒有出現在本書當中，但都是先有個概念便會很方便的內容，還請各位讀者善加利用。

阿爾克納（Arcana）

拉丁文，指「祕密」或「神祕」。塔羅牌由22張大阿爾克納以及56張小阿爾克納，總共78張牌組成。

聖像（Icon）

畫在塔羅牌上的神祕圖案。聖像畫。

偉特塔羅牌（Waite Tarot）

偉特史密斯塔羅牌（Waite-Smith Tarot）。作為最基本的塔羅牌組普及於世。

心想事成牌（Wish Card）

幸運牌。一般指「聖杯2」、「太陽」、「世界」及「命運之輪」等牌。

元素（Element）

組成四大元素的「火」、「水」、「風」、「土」。彼此互相影響的關聯性被用在塔羅牌的解釋上。

神諭（Oracle）

指「天啟」或「預言」。單抽法（One Oracle）是一種抽出一張牌進行解讀的占卜方式。

神諭卡（Oracle Cards）

帶來神諭啟示的卡牌。以天使、精靈或神祇為靈感，張數因牌組而異。

全逆位（All Reverse）

所有牌都以顛倒方向出現。不同占卜者會有不一樣的解釋或應對方法。

切牌

把整副牌分成好幾疊，改變排列順序或交換位置。

聖杯（Cup）

小阿爾克納的花色之一。用來進食的杯子帶有跟禮儀有關的強烈暗示，被視為人類情緒波動的象徵。

卡巴拉（Kabbalah）

希伯來文，意思是「傳承」。以猶太教傳統為基礎的神祕思想。代表「來自上天、由師長口述傳承的智慧」。

重點牌（Key Card）

代表問題的現況或提問者的牌。解牌時會用來作為參考。

逆位

從占卜者的角度來看，牌的方向上下顛倒的狀態。

顯意識

位於意識表層，表示當事人有自覺的意念。

宮廷牌（Court Cards）

小阿爾克納中的人物牌。每一種花色有4張，分別是侍從、騎士、皇后和國王的圖案。

合併解牌

為兩張以上的牌賦予關聯性再解牌的占卜方式，會因為占卜者而有各種不同的作法和解釋。

指示牌（Significator）

在牌陣中代表占卜者或客戶（問卜者）的牌。

洗牌

攪動牌組，打亂順序或方向。洗牌方式會因占卜者而異。

跳牌（Jump Card）

在洗牌過程中翻面或掉落的牌。

小阿爾克納（Minor Arcana）

大阿爾克納以外的56張牌。分成權杖、錢幣、寶劍、聖杯四種花色，每個花色各14張牌，包含A（Ace）到10的數字牌以及宮廷牌。

淨化

消除碰到牌的人或被占卜者的意念或情緒。洗牌時以逆時針方向攪動。淨化的時機或作法會因人而異。

花色（Suit）

四大元素的象徵。有權杖、錢幣、寶劍和聖杯，一起組成小阿爾克納。

牌陣（Spread）

擺放或陳列牌的方法。英文的「spread」又指「展牌」。

正位

從占卜者的角度來看，牌的方向上下正確的狀態。

實際演練

實踐塔羅占卜。

潛意識

位於意識深處，表示當事人沒有察覺到的思考或情緒。

寶劍（Sword）

小阿爾克納之一。指劍或刀。被視為人類進化的象徵。

大阿爾克納（Major Arcana）

在一副78張的塔羅牌當中，有22張是大阿爾克納。塔羅占卜的核心，代表影響命運的事件。

塔羅布

進行塔羅占卜時鋪在桌上的桌巾。有各式各樣的材質和尺寸。藉由鋪桌巾來整理場地，也比較不會傷到牌。

牌組

一副牌。

數字牌（Numeral Cards）

小阿爾克納每個花色從A（Ace）到10的編號牌。總共有40張。

牌堆

疊好放在桌上的牌。

完整牌組

包含22張大阿爾克納以及56張小阿爾克納的一整副牌。

錢幣（Pentacle）

小阿爾克納的花色之一。代表硬幣。象徵物品的價值、金錢等具備物質性或實質性的事物。

馬賽塔羅牌（Tarot of Marseilles）

原型誕生於17世紀，在18世紀作為占卜兼遊戲用的卡牌普及。

占卜者

進行塔羅占卜的人。

解牌

解讀占卜出來的牌代表什麼意思。

權杖（Wand）

小阿爾克納之一。指棍棒或手杖。被視為人類原始力量的象徵。

塔羅 Q & A

這裡將介紹一些在進行塔羅占卜時，先知道會較方便的小知識。

Question
只要是塔羅牌，不管買哪一種都可以嗎？

A 我推薦初學者購買偉特史密斯塔羅牌。

塔羅牌會在大型書店、網路上的專賣店等地方進行販售。不同牌組的尺寸不盡相同，請考量自己的手掌大小來挑選吧！如果是第一次購買的話，我推薦你買偉特史密斯塔羅牌。因為這套牌的普及度最高、象徵意義淺顯易懂，而且數字牌也有圖案，對初學者來說也比較容易解牌。

Question
我可以把朋友送的牌直接拿來用嗎？

A 可以的話，請先淨化後再使用。

要把別人送的牌拿來用是無所謂，但是在使用之前，最好先淨化上一位持有者的意念。淨化塔羅牌的方法五花八門，像是在牌的上面放置水晶，或者是焚燒鼠尾草或線香，把牌放在煙霧裡繞幾圈。假如想要簡單一點的話，逆時針洗牌的淨化方法會是不錯的選擇。

Question
不確定要怎麼解的時候該怎麼辦？

A 重視第一印象。

塔羅占卜是一種自由的占卜方式，解釋會因占卜者而改變。假如不確定要怎麼解的話，就著重在看到牌面或牌陣時留在腦中的第一印象，試著發揮想像力吧！也能從多次出現的象徵符號或數字找出蛛絲馬跡。在習慣之前，可以閱讀實際範例，參考專家的解釋，擴大想像的空間。

Question
在什麼時候占卜最好？

A 只要能集中精神，什麼時候都沒關係。

雖然也有人說不要在半夜進行，但基本上無論何時占卜都沒關係（「幸運籤占卜法」建議在早上抽牌）。腦中閃過想占卜的事情時、覺得現在可以集中精神時，隨時想占卜就占卜吧！凡事都是「決定要做的那天就是黃道吉日」。不過，最好避開身體不舒服或無法保持專注的時候。

5 章

用各種疑難雜症
實際演練

本章準備了八個煩惱和解答範例。
先用接受他人諮詢的心情，試著自己練習看看吧！
請將這些內容作為挑選牌陣以及解牌的參考。

解牌小祕訣

初次解牌時，我們也可能會遇到不確定要解讀什麼的情況。
掌握解牌的小祕訣，隨心所欲地享受塔羅占卜的樂趣吧！

面對塔羅牌，
練習發揮想像力

　　塔羅占卜並不是把翻到的牌義一一
列出來就好，而是會按照占卜者的感
性而出現不同的解讀方法或解牌結
果。因此占卜者必須擦亮接收訊號的
天線，仔細辨別塔羅牌現在想告訴你
什麼。首先，請聚焦在看到牌時產生
的第一印象或感受來解牌。塔羅占卜
並沒有「非這麼做不可」的規則。參
考提升解牌技巧的訣竅（P.192），發
揮你的想像力吧！

多看範例
才會懂得要如何解釋

　　為了增進塔羅占卜的解釋能力，接
觸大量的實際範例至關重要。你可以
在一次又一次的練習過程中接觸到各
種類型的問題，學習「當這張牌在這
種情況出現在這裡的時候可以怎麼
解釋」。而在問題或煩惱的例題上進
行相同的練習，也會讓你有能力按領
域調整解釋方法，鍛鍊塔羅占卜的感
性。此外，累積答案的多樣性也會在
針對各種事情的解牌上帶來助益。

五個要點

塔羅占卜是一種要透過持之以恆來鍛鍊感性的占卜方式。
掌握這些要點,實際練習看看吧!

**point
1**

用張數較少的牌陣熟悉手感

首先就從張數較少的牌陣開始練習吧!一開始的重點是只用大
阿爾克納占卜,慢慢熟悉要怎麼拿牌和解牌。了解過去、現在和
未來的三張牌牌陣是塔羅占卜的基礎。只要先學會這個牌陣,就
算張數變多也能加以應用。

**point
2**

記住正位牌的涵義

塔羅占卜會因為牌出現在正位或逆位而有不同的解釋。首先,請
確實理解正位牌的意思和關鍵字牌!逆位牌多半代表正位牌牌
義中的過與不足,所以只要反向思考有沒有太超過或不夠的部分
就可以了。

**point
3**

注意大阿爾克納

大阿爾克納通常代表影響命運的事件或邁向成長的過程,擁有
比小阿爾克納更強烈的意涵。用總數有78張的完整牌組來占卜
時,大阿爾克納出現的位置或關鍵字可能會有某種訊息或線索。
把重點放在這裡來解牌吧!

**point
4**

小阿爾克納要著重在宮廷牌給人的印象

宮廷牌會反映人物的個性、人際關係或問卜者的心理狀態。出現
宮廷牌時,請試著聚焦在出現位置和人物給人的印象來解牌。這
個人物是代表問卜者本人還是與他有關的其他人呢?釐清人物
關係圖會更容易找到問題的答案。

**point
5**

有重複出現的圖案、顏色或數字就要多加留意

環顧擺在桌上的所有牌時,要是發現有圖案、顏色或數字出現了
好幾次,就代表那是來自塔羅牌的某種訊息。查詢這些圖案、顏
色或數字各自的涵義,試著探索塔羅牌想在這次的解牌過程中告
訴你什麼吧!

挑戰練習範例

從這裡開始是煩惱練習和解答範例。請先假裝在接受他人的諮詢，
試著自己占卜看看，然後再閱讀解答範例，加深對解牌的理解。

※雖然這裡有列出推薦牌陣，但也可以用其他牌陣進行占卜。

煩惱

1

我下輩子
還能再見到寶貝愛犬嗎？

我最疼愛的寵物狗過世了。雖然明白狗的壽命比人短，所以這也是無可奈何
的事，但還是遲遲不能從痛失愛犬的悲痛當中振作起來。我想知道自己下輩
子還能不能遇見牠。

推薦牌陣	兩張牌預言牌陣
使用的牌	22張大阿爾克納

解答範例
▼
p.184

煩惱

2

我一直存不了錢，
該怎麼辦才好？

我想為了將來存錢，可是每次一拿到錢就會馬上花掉，一直存不到錢讓我很
傷腦筋。我想知道要怎麼做才能改掉亂花錢的壞習慣。

推薦牌陣	兩張牌心靈牌陣
使用的牌	22張大阿爾克納

解答範例
▼
p.185

占卜時的小叮嚀❶

● 準備好用來占卜的空間，集中精神之後再開始吧！
● 丟掉「答案應是如此」這種先入為主的想法。
● 認真面對塔羅牌的牌義和建議。

煩惱

3

我未來
有機會結婚嗎？

我很想結婚，可是又擔心自己搞不好會單身一輩子。我會結婚嗎？假如會的話，對方會是個什麼樣的人呢？

推薦牌陣	簡易十字牌陣
使用的牌	22張大阿爾克納

解答範例
▼
p.186

煩惱

4

經歷離婚後一直走不出來，
想知道能不能遇到好對象再婚？

該怎麼做才能擁有另一段幸福的婚姻？我和哪一種類型的人比較投緣？我想知道自己以後會不會遇到好對象成功再婚。

推薦牌陣	簡易十字牌陣
使用的牌	22張大阿爾克納

解答範例
▼
p.187

占卜時的小叮嚀❷

- 不要在身心疲憊不堪的時候占卜。
- 占卜時，要放鬆身體，保持輕鬆的心情。
- 在能夠以客觀視角做出冷靜判斷的時候占卜。

煩惱

5

我從小就不擅長融入人群，
交得到朋友嗎？

我總是無法融入人群，經常落單。就算偶爾交到朋友，也沒辦法維持很久。
我想知道自己的問題在哪裡。要怎麼做才交得到朋友呢？

推薦牌陣	三張牌牌陣
使用的牌	22張大阿爾克納

解答範例
▼
p.188

煩惱

6

我可以安享晚年嗎？
想知道晚年生活是什麼樣子。

我已經過了人生的折返點，很擔心自己的晚年生活，為了將來，我應該要做
些什麼？以後我會找到全新的人生目標，充滿活力地度過每一天嗎？

推薦牌陣	四張牌牌陣
使用的牌	78張完整牌組

解答範例
▼
p.189

轉述結果時的小叮嚀

● 要有同理心，選擇溫和有禮的用字遣詞。
● 廣泛增加各種知識，用簡單易懂的方式表達。
● 萬一出現負面的牌，轉述時要把重點放在因應對策。

煩惱

7

我很擔心小孩不用功，
該怎麼做比較好？

我很擔心小孩沒有用功讀書，雖然看到什麼都想插嘴，但是又不想過度干涉。
我以後應該要怎麼和孩子相處比較好？

推薦牌陣　　　金字塔牌陣

使用的牌　　　78張完整牌組

解答範例
▼
p.190

煩惱

8

想知道交往對象
對結婚是怎麼想的？

我有一個交往很久的對象，但是不知道他對結婚有什麼想法。我應該要試著
主動提出來嗎？還是該等他向我求婚會比較好呢？

推薦牌陣　　　六芒星牌陣

使用的牌　　　78張完整牌組

解答範例
▼
p.191

我下輩子
還能再見到寶貝愛犬嗎？

解答範例

在未來出現「死神」等牌會讓人忍不住心生防備，
但根據出現的位置和方向，他們也有可能不是凶牌。
對照問題的內容仔細解牌吧！

現在／結果　　　　　未來／建議

女皇（逆位）　　　　死神（逆位）

Answer

寵物現在也在守護著你。

只要珍惜當下、認真過活，下輩子一定會再相見的。

出現在**現在／結果**的「女皇」象徵孕育萬物的母性，但由於呈現逆位，因此象徵過度保護和過多的愛。你在像對待親生小孩一樣疼愛有加的寵物過世後所感受到的悲傷和孤寂，我想應該無法用言語來表達吧。

接著，出現在**未來／建議**的逆位

「死神」代表再生和重生。大家都說生物只要有順利成佛，就會投胎轉世，獲得新的生命再次相遇。你的寵物很感謝你以前這麼疼牠，而且一直在守護著你。

看到你在失去摯愛後難以振作，每天都過得渾渾噩噩的樣子，你的寵物應該也很心痛。只要你度過沒有後悔的人生，過著幸福的生活，下輩子一定還會再相見的。

我一直存不了錢，
該怎麼辦才好？

解答範例

反映內心深處的「潛意識」牌會帶來讓你正視內心的契機，
或是藏著自己以前從來沒想過的建議。
仔細注意一開始看到牌時「有什麼感覺」吧！

顯意識 魔術師（逆位）

潛意識 女祭司

Answer

現在就是改變觀念的時機！
學習投資或儲蓄有助於開運。

顯意識出現象徵學習能力和綻放才華的逆位「魔術師」，反映出你花錢總是不顧後果的情況。至今為止，你是不是腦袋裡明知道必須改掉浪費的壞習慣，卻又覺得「反正船到橋頭自然直」，老是毫無計畫地用錢呢？

不過，出現在**潛意識**的正位「女祭司」代表直覺和學問。現在正是改變金錢觀的大好時機。在學習上會有不錯的運氣，因此可以透過學習投資、增加儲蓄的方式幫自己開運。重視此刻的直覺，同時以新的觀念學習理財，才能將以前亂花錢的壞習慣徹底根除。

存錢固然重要，但希望你可以為了將來好好理財，讓財運有更進一步的提升。

我未來有機會結婚嗎？

解答範例

如果出現在「現在的問題／考驗」的牌是好牌，怎麼解牌就很重要了。
這次出現了「皇帝」，代表物質上的成功，
萬一指的是考驗的話，就假設有人會成為你的阻礙吧！

目前的情況

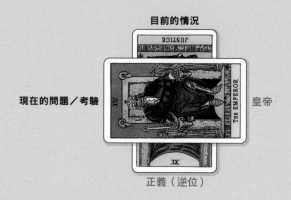

現在的問題／考驗　　　　　　　　　　　　　　皇帝

正義（逆位）

Answer

別想得太嚴重，放輕鬆點。
你會與充滿包容力的對象共度歲月靜好的婚姻生活。

象徵平衡、冷靜和判斷力的『正義』以逆位出現在**目前的情況**，代表不公正或條件不匹配的戀情。到目前為止，你可能一直沒遇到符合喜好的對象，又或者是對戀愛比較膽小。

而在**現在的問題／考驗**出現了代表權力或男性特質的正位『皇帝』。雖然可能會因為在家裡掌權的父親出手干涉或是自己想太多，

戀情沒有按照自己的意思發展，不過『皇帝』同時也代表有很強的責任感與包容力的人，所以你將來應該能和一位心胸寬大的人結婚，度過平順的婚姻生活。

你現在也許會很擔心，但只要別過度緊張，認為「非結婚不可」，而是以「如果能遇到投緣的人就好了」的這種輕鬆的態度過日子，應該就會遇見很棒的對象。

經歷離婚後一直走不出來，
想知道能不能遇到好對象再婚？

解答範例

在「現在的問題／考驗」出現了「審判」這張象徵家庭幸福的牌。
這也可以解釋成「你很想實現家庭幸福卻無法如願，而這正是問題所在」。

目前的情況

現在的問題／考驗　　　　　　　　　　　　　審判

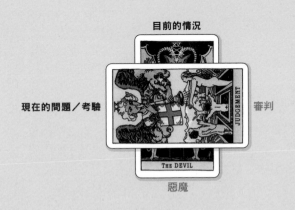

惡魔

Answer

檢討過去的失敗原因，改變生活方式，
這樣才會出現新的邂逅。

目前的情況出現正位「惡魔」，代表自我否定或負面的想法。你好像因為過去的婚姻生活和現況，對自己失去了信心。這樣下去，你可能用虛有其表的溫柔或出眾的外貌來判斷異性，進而敗給誘惑，被氣氛帶著走。

不過，在**現在的問題／考驗**出現代表從過去的失敗中學到教訓與重新挑戰的正位「審判」。你要不要先試著冷靜反省過去的失敗原因呢？像是挑戰與以往不同的生活方式，或是改變擇偶的類型，就從可以改善的地方開始做起吧！不要一直抓著過去的失敗不放，嘗試挑戰新的生活方式或其他事物，才有機會和以前不曾遇到的人事物產生交集，使未來朝好的方向發展。

5
章

用各種疑難雜症實際演練

我從小就不擅長融入人群，
交得到朋友嗎？

解答範例

這是從小時候開始就有的煩惱，所以適合用按照時間順序占卜的三張牌牌陣。
出現在「未來」的「高塔」也有一瞬間的意思。
也可以解釋成困擾你的情況會在轉眼間變得截然不同。

過去	現在	未來

太陽	世界	高塔

Answer

試著積極向人搭話吧！
你會脫離過去的束縛，遇見全新的自己。

過去出現代表喜悅和成功的正位「太陽」。從牌面上來看，你似乎從小就生長在有很多同伴的環境裡面，但是卻沒能順利交到朋友，為此傷透腦筋。

出現在**現在**的「世界」呈現正位，代表願望成真。像是開始培養新的興趣，製造機會，主動嘗試融入人群，說不定就能找到跟你有相同興趣的人，和對方變得非常要好。此外，置身於不同的文化之中，也許就能藉此接受良性刺激，或是交到外國的朋友。

未來出現代表解脫、劇變和我行我素的正位「高塔」。這張牌在暗示改變現狀或許可以脫離過去，發現新的自己。只是，要小心任性又自我中心的言行舉止會害你無法建立良好的關係。

我可以安享晚年嗎？
想知道晚年生活是什麼樣子。

解答範例

你可以把「問題／障礙」想成是「必要條件」。
從四張牌牌陣可以得到提醒或建議，很適合用在這個問題。
你會發現，為了安享晚年，最不可或缺的就是充實的每一天。

過去	現在	問題／障礙	未來／結果

命運之輪	權杖9	聖杯騎士	正義

Answer

透過挑戰新的興趣打開視野，
享受樂趣無窮的銀髮人生。

過去出現了代表幸運和成功的「命運之輪」。我想你一直以來應該都非常好運，度過了一段精彩豐富的人生吧。

出現在**現在**的正位「權杖9」代表已經做好萬全的準備，或是正在為了未來進行準備。

在**問題／障礙**出現代表創造力和機會來臨的正位「聖杯騎士」，所以我建議，往後在繼續充實每一天

的同時，要不要也挑戰看看新的興趣或以前沒做過的事情呢？

出現在**未來／結果**的正位「正義」代表平衡與人際關係。往新的世界踏出一步，應該會讓你結交到志趣相投的同伴或拓寬視野。我想你應該可以一邊享受自己在過往人生中的所作所為產生的善果，一邊度過愉快的銀髮人生。

我很擔心小孩不用功，
該怎麼做比較好？

解答範例

重要的是仔細解讀「解決指引1」和「解決指引2」的牌。
這裡出現了「過度依賴」及「打破現狀」這兩個建議。
請善用這兩點來導出解決方案吧！

未來／結果

權杖A

解決指引 1　　　　　**解決指引 2**

錢幣10　　　高塔　
（逆位）　　　　　　　（逆位）

現狀　　　　**造成現狀的原因**　　　**過去／過程**

錢幣皇后　　　　　　　　　　　　聖杯10
（逆位）　　　　　隱士

Answer
─────

請重新檢視你們的親子關係。
與身邊的人商量或許有機會找到解決辦法。

過去／過程出現代表寵愛的正位「聖杯10」，可以窺見你用滿滿的愛情來養育小孩的模樣。

但是**現狀**出現了逆位的「錢幣皇后」，你是不是疼小孩疼到過度溺愛，什麼都照孩子說的去做呢？繼續這樣下去，孩子可能會無法獨立，你自己也會放不了手。

出現在**造成現狀的原因**正位「隱士」代表過度保護。

解決指引1的逆位「錢幣10」表示過度依賴，**解決指引2**則出現逆位「高塔」，因此打破這個情況就是關鍵所在。

未來／結果出現正位的「權杖A」，意思是會有新的邂逅，不要自己苦思煩惱，試著與身邊的人商量，應該可以發現新的想法。

想知道交往對象
對結婚是怎麼想的？

解答範例

請用心解讀「願望／潛意識」的牌。
逆位的「寶劍A」代表不管對方的情況，自顧自地前進。
強行突破可能會讓對方的心情離你而去。

過去
寶劍7（逆位）

願望／潛意識
寶劍A（逆位）

建議
權杖6（逆位）

結果
錢幣8

不久的將來
權杖5（逆位）

現在
錢幣10

環境
寶劍5（逆位）

Answer

切勿著急！只要慢慢走，
最後一定會抵達幸福的結婚禮堂。

出現在**過去**的逆位「寶劍7」代表不誠實或虛脫無力。

現在的正位「錢幣10」代表家人之間的情感，可見你想要和理想的對樣相遇、交往並結為連理。

不久的將來是代表情緒不穩定的逆位「權杖5」，你是不是猜不透對方的心情，所以覺得很煩躁呢？

環境出現逆位的「寶劍5」，顯示維持現狀會害自己受傷。

從出現在**願望／潛意識**的逆位「寶劍A」來看，不要強行推動結婚的話題才是上策。

建議是代表樂觀主義的逆位「權杖6」，慢慢讓他產生想要結婚的心情，保持從容不迫最重要。

出現在**結果**的正位「錢幣8」代表努力。我想你應該可以靠努力克服所有障礙，在那前方一定會有幸福美滿的婚姻在等著你。

提升解牌技巧的訣竅

無論是哪一種牌陣，塔羅占卜的基礎都是現在、過去和未來。
確實掌握問題的整體走向才是找到解決辦法的捷徑。

翻開所有牌
掌握走向

在剛開始的階段，比起一張一張地翻，一次翻開全部的牌感受整體印象，會讓你更容易編織出解釋用的故事。翻開所有牌時，第一印象是很好、尚可、有困難還是非常糟？就算只是大概的感覺也沒關係，試著去感受看看吧！從這裡解讀最基本的現在、過去和未來，掌握整體走向，再深入挖掘原因和解決辦法，為故事增添豐富性，如此一來，你才能更流暢地給出建議。

即使張數變多
也要不慌不忙地解牌

使用張數較多的牌陣，解讀好像就會變得比較困難，然而並非如此。舉例來說，假如是用六芒星牌陣的話，重點在於要先好好解讀作為占卜基礎的現在、過去和未來。先了解問題的走向，接著再冷靜找出接下來該怎麼做的解決對策，這樣就不會混亂了。試著從整體印象推斷塔羅牌想要表達的意思，將其記在腦中，小心翼翼地解讀每一張牌吧！請參考右頁的說明。

Advice

縱使是微不足道的小事也要盡量占卜

塔羅占卜只要練習得愈多就會愈進步。你會漸漸鍛鍊出敏銳的直覺，變得能夠理解牌想傳遞的訊息，命中率日益提升。就算只是日常生活中的一些雞毛蒜皮的瑣事，只要想占卜就不要猶豫，儘管試試看吧！隨著經驗的增加，答案的正確性也會不可思議地逐漸提高，你會開始感受到塔羅占卜的神祕能量。在剛開始的時候勤作筆記，可以在日後回顧之前的發現，或是某個特定日期的解牌結果。當你能夠相信塔羅牌的力量，並且帶著自信占卜之後，命中率還會有更進一步的提升。

STEP 1　用正三角形掌握時序

首先，解讀正三角形上的「過去」、「現在」以及「不久的將來」，了解問題的整體走向。有時過去也會包含原因，所以需要先從過去開始解起。

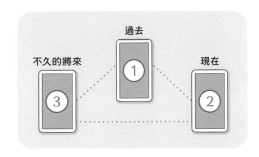

STEP 2　用倒三角形取得建議

出現倒三角形上的「環境」、「願望／潛意識」和「建議」的牌是該問題的解決辦法。在這三張牌合為一體時，俯瞰他們會對問題帶來什麼影響。

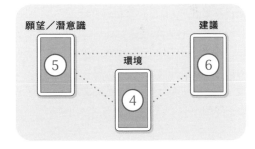

STEP 3　解讀聽取建議後的結果會走向什麼樣的未來

透過「結果」牌來解讀在理解STEP 1正三角形的走向以後，按照STEP 2倒三角形的建議去做會發生什麼事。從「結果」牌也可以看出，倒三角形的牌對問卜者提出的煩惱或問題是抱持支持還是否定的態度。

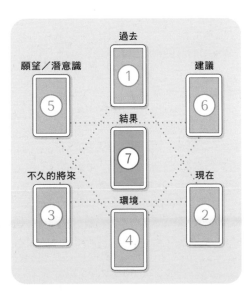

塔羅 Q & A

接下來要介紹一些大家在占卜時會好奇的問題和答案。

Question

為什麼要丟掉六張牌，抽出第七張呢？

A　因為數字也有意義。

一般認為「7」這個數字具有特殊意義。例如《舊約聖經》寫到，上帝用七天創造世界。一星期有七天，一個音階有七個音（Do、Re、Mi、Fa、Sol、La、Si）。「7」是表示週期的數字，因此世人認為「7」是「完成」的意思，而第七張牌則會揭露特殊的意涵。

Question

我一點靈感都沒有。這樣算得準嗎？

A　只要多試幾次就會提高命中率。

塔羅牌是一種自由的占卜，不用靈感或第六感也辦得到。因為沒有特別的規則，也可以用類似抽籤的方式進行。就算你覺得自己沒有靈感，在持續練習的過程中，也會神奇地愈算愈準，產生某種直覺或覺得「大概是這個意思吧」。

Question

出現解不出來的牌時該怎麼辦？

A　再抽一張牌。

首先，我希望大家重視在抽牌當下感應到的訊息，但是萬一實在怎麼解都解不出來，就在心裡詢問「這張牌是什麼意思」，再抽一張牌吧！要是一張還是抓不到感覺的話，可以請塔羅牌多給一點提示，再多抽一張也沒關係。

Question

抽到的牌有固定的傾向是代表什麼意思嗎？

A　固定的傾向是有意義的。

用完整牌組占卜時，出現的都是「大阿爾克納」，代表這個問題對提問者意義重大；都是「小阿爾克納」則意思相反。出現好幾張同花色的牌代表強調這個花色的象徵意義（P.100）。出現很多宮廷牌則代表有很多人和這個問題有關。

塔羅牌
關鍵字一覽表

本附錄彙整了所有塔羅牌的關鍵字。
也請多多利用大阿爾克納的幸運色及幸運物一覽表。

大阿爾克納 關鍵字一覽表

0 愚者
p.18

Keyword **純潔無瑕的可能性**

 正 自由奔放／純粹／天真爛漫／好奇心／純真無邪／勇敢無懼／冒險

 逆 沒有計畫／反覆無常／不負責任／失去信任／突發奇想／草率／有勇無謀

THE FOOL

I 魔術師
p.20

Keyword **新的開始**

 正 知識／行動／靈光乍現／注意力／創造力／綻放才能／溝通能力

 逆 優柔寡斷／笨拙／懦弱／精力不足／事事靠別人／欠缺靈感

THE MAGICIAN

II 女祭司
p.22

Keyword **壓倒性的知性**

 正 直覺／聰明絕頂／學問／神祕／被動的／辨明是非對錯

 逆 冷淡／充滿批判性／封閉的／視野狹隘／無瑕顧及其他／完美主義／違反規定

THE HIGH PRIESTESS

III 女皇
p.24

Keyword **充實的滿足感**

 正 母性／富足／懷孕／繁榮／創意十足／更新

 逆 傲慢／怠惰／貪婪／享樂主義／情緒不穩定／過度保護／嫉妒／束縛

THE EMPRESS

IV 皇帝

Keyword **強而有力的執行者**

正 地位／權力／自信／安定／現實的／
忍耐／責任感很強／包容力

逆 獨斷獨行／過度自信／強硬／蠻橫／
職權騷擾／傲慢／與男性發生爭執

p.26

V 教皇

Keyword **慈悲的領導者**

正 傳統／團結／道德／誠實／援助／
心胸寬大／來自年長者的幫助

逆 反抗的態度／突破框架／冷酷無情／
視野狹隘／冷漠／濫用他人的信任

p.28

VI 戀人

Keyword **令人心動的選項**

正 小鹿亂撞／舒適自在／兩情相悅／
好奇心／優先考慮心情／直覺／幸福

逆 變心／不誠實／誘惑／三心二意／
不安／沒有交集／不成熟

p.30

VII 戰車

Keyword **保持平衡，穩步向前**

正 實現目標／勇氣／與努力相符的結果／
統御力／機會

逆 衝動／暴走／無法控制／衝突／
徒勞／浪費精力

p.32

VIII 力量

Keyword **以柔克剛的強大**

正 努力／克服／堅不可摧的情誼／
把危機變成轉機／信賴關係／強大的意志

逆 放棄／怠惰／逃跑／邪念／意志薄弱／
實力不足／諂媚／偷懶

p.34

IX 隱士

Keyword **深入而沉靜的思考**

正 考慮周全／超然物外／探究心／
深思熟慮／面對自己／注視內在

逆 頑固／偏執／堅持／緊閉心扉／
封閉的／孤立／疑神疑鬼

p.36

X 命運之輪

Keyword **轉機的到來**

正 命運／幸運／變化／充滿能量／
良機／展開／成功／機會來臨

逆 停滯／惡化／意外事故／
錯過／倒退／時機不對

p.38

XI 正義

Keyword **冷靜而公正的決斷**

正 平衡／人際關係／道德／判斷力／
小心謹慎／勇氣／平等

逆 不公平／情緒化／曖昧不明／公私不分／
矛盾／不當的行為／不透明

p.40

XII
吊人

p. 42

Keyword　**充滿未來的考驗**

正　考驗／修行／自願犧牲／
　　動彈不得／轉換想法

逆　痛苦／消耗／徒勞無功／白費努力／
　　情況惡化／難以接受的現實

XIII
死神

p. 44

Keyword　**通往重生的結束**

正　重生／復活／變化／踏上旅途／
　　脫胎換骨／留戀／結束／死心

逆　迷惘／執著／頑固／無法接受變化／
　　下不了決心

XIV
節制

p. 46

Keyword　**完美協調的融合**

正　中庸／融合／有分寸的行動／
　　平衡／調和／調整

逆　不平衡／進行中的事物中斷／
　　自我中心的／情緒用事

XV
惡魔

p. 48

Keyword　**無法逃離的誘惑**

正　欲望／自甘墮落／快樂的／執著心／
　　戰勝不了誘惑／剝奪理性／毫無秩序

逆　擺脫束縛／消除煩惱／擺脫現狀／
　　控制欲望

XVI

高塔

p.50

Keyword　**價值觀的崩壞**

正　解放／鬥爭／破壞／意外事故／劇變／
我行我素／打擊

逆　衝突一觸即發／走投無路／動搖
問題浮上表面／難以從打擊中振作

XVII

星星

p.52

Keyword　**努力前方的希望**

正　可能性／相信自己／鍛練才能／
流於感性／夢想成真／創造力

逆　失望／太高的目標／幻滅／悲觀／
遲鈍的感性／錯失機會

XVIII

月亮

p.54

Keyword　**漸行漸遠的心**

正　不安／模糊／看不見的敵人／
不透明的前景／妄想／善變

逆　視野開闊／清晰明確的狀態／
真相逐漸明朗／消除不安／做個了斷

XIX

太陽

p.56

Keyword　**前進的力量**

正　喜悅／幸福／成功／成長／榮耀／誕生／
滿足／成就／充滿力量

逆　挫折／陰影處／停滯／能量不足／
不健全／失望／過度自信／中斷

XX **審 判** p.58		Keyword **左右未來的岔路** 正　轉捩點／心念一轉／復活／解放／ 　　機會／開始 逆　心理創傷／傷口難以癒合／得不出結論／ 　　執著／被困在過去
XXI **世 界** p.60		Keyword **完美的一體感** 正　完整／圓滿／美好結局／勝利／ 　　兩情相悅／安全／和解／成就 逆　不完整／期望太高／不滿／看不到未來／ 　　猶豫／內心受挫／畏縮不前

［ 大阿爾克納 ］ **對應的十二星座＆行星關鍵字一覽表**

大阿爾克納	十二星座 ＆行星	關鍵字	大阿爾克納	十二星座 ＆行星	關鍵字
0　愚者	天王星	革命／進化	XI　正義	天秤座	有很好的平衡感
I　魔術師	水星	知識／資訊	XII　吊人	海王星	夢想／自我陶醉
II　女祭司	月亮	感性的／坦率	XIII　死神	天蠍座	情感內斂／ 集中在一小部分
III　女皇	金星	充實／愛／美	XIV　節制	射手座	自由／哲學性／ 求知若渴
IV　皇帝	牡羊座	熱情的	XV　惡魔	魔羯座	責任感很強／理性的
V　教皇	金牛座	沉穩／有所堅持	XVI　高塔	火星	活力／意外
VI　戀人	雙子座	熱愛社交／好奇心旺盛	XVII　星星	水瓶座	崇高的理想／與眾不同
VII　戰車	巨蟹座	情感豐沛／對抗敵人	XVIII　月亮	雙魚座	浪漫主義者／心地善良
VIII　力量	獅子座	全力以赴／ 自尊心很強	XIX　太陽	太陽	前進的力量
IX　隱士	處女座	纖細／重視秩序	XX　審判	冥王星	結束／重生
X　命運之輪	木星	好運降臨	XXI　世界	土星	限制／極限

用在幸運籤
占卜法
超方便！

大阿爾克納 幸運物＆開運行動一覽表

在幸運籤占卜法所使用的牌，我推薦訊息能量較強的大阿爾克納。
我將每張牌的幸運物＆開運行動整理成下列表格，
期許能在每天的占卜派上用場。歡迎各位讀者多加利用。

	顏色	能量石	食物	物品	行動
0 愚者 p.18	蘋果綠	貴橄欖石	葡萄柚汁	耳機	銀行開戶
I 魔術師 p.20	芥末黃	土耳其石	手工飯糰	後背包	好好吃早餐
II 女祭司 p.22	紫色	紫水晶	豆類料理	絲巾	喝個下午茶休息一下
III 女皇 p.24	嫩粉色	菱錳礦	香草料理	芳香精油	親自下廚
IV 皇帝 p.26	酒紅色	藍寶石	抹茶口味的甜點	手錶	清理鞋子上的髒汙
V 教皇 p.28	朱紅色	翡翠	有根莖類蔬菜的湯	大象造型的商品	到處參拜神社寺廟
VI 戀人 p.30	洋紅色	粉晶	義大利麵	蕾絲配件	護髮
VII 戰車 p.32	苔蘚綠	坦桑石	醃漬品或含醋的料理	運動鞋	觀賞現場演唱會
VIII 力量 p.34	栗色	鋰雲母	燉牛肉	馬蹄造型的首飾	上健身房
IX 隱士 p.36	鈷藍色	葡萄石	蝦料理	蠟燭	獨自旅行

	顏色	能量石	食物	物品	行動
X 命運之輪 p.38	碧綠色	虹彩水晶	三明治	皮革錢包	登山或健行
XI 正義 p.40	藏青色	光玉髓	咖啡	眼鏡	投資或儲蓄
XII 吊人 p.42	灰棕色	藍玉髓	豆腐料理	觀葉植物	三溫暖或 岩盤浴
XIII 死神 p.44	瑠璃色	黑水晶	優格	浴鹽	整理冰箱
XIV 節制 p.46	淡藍色	骨幹水晶	礦泉水	玻璃花瓶	整理及 汰換衣物
XV 惡魔 p.48	銀色	孔雀石	泡菜、醃漬物	古董家具	腳底按摩
XVI 高塔 p.50	黑色	藍晶石	生魚片	鈴鐺	登上觀景台 或摩天大樓
XVII 星星 p.52	檸檬黃	石榴石	蛋包飯等 雞蛋料理	唇膏	打掃玄關
XVIII 月亮 p54	象牙色	月光石	水果塔	手鏡	整理家電的 電線
XIX 太陽 p.56	橘色	太陽石	番茄料理	髮飾	觀賞運動賽事
XX 審判 p.58	純白色	拉長石	甜甜圈	帽子	和認識多年的 老朋友碰面
XXI 世界 p.60	金色	髮晶	啤酒、香檳	陽光捕手	捐款、 參加志工 活動

權杖A　p.102

Keyword **熱情洋溢的開始**

創造／出發／純粹／熱情／
直覺／誕生／能量／
幹勁／開始

權杖2　p.103

Keyword **往更高的目標前進**

選擇／發揮引導力／預測遙遠的
未來／躊躇／龐大的影響力／
社會上的成功

權杖3　p.104

Keyword **邁進一大步**

結果／期待感／追求理想／
朝目標邁進／獲得一定成果／
展望

權杖4　p.105

Keyword **心靈的豐收時刻**

安定／內心的安寧／
精神上的喜悅／充實／自由／
告一段落／和平的日常生活

權杖5　p.106

Keyword **燃起熊熊的鬥志**

對立／考驗／主張／內部分裂／
無謂的爭執／不滿足於現狀／
商議討論

權杖6　p.107

Keyword **帶領周遭的能力**

領導／成功／主導權／
努力有所回報／喜訊／
團隊合作／贏得比賽

權杖7　p.108

Keyword **善用優勢**

鬥志／優勢／孤軍奮戰／
拼命／守備固若金湯／
維持現狀／極為忙碌

權杖8　p.109

Keyword **迅雷不及掩耳的變化**

發展迅速／動作飛快／
令人眼花撩亂／加速／
出乎預料的機會／把握機會

權杖9　p.110

Keyword **不屈服的堅定意志**

警戒／防禦／抵抗／
準備充足／延遲／尋找機會／
盡人事

權杖10　p.111

Keyword **對抗壓力的戰鬥**

重擔／吃苦／社會責任／
負擔沉重的工作／能力不足／
馬不停蹄地前進

權杖侍從　p.112

Keyword **對將來的期待**

喜訊／前進未來的一步／
值得信賴的人／
優秀的後輩／對現實的熱忱

權杖騎士　p.113

Keyword **對挑戰的野心**

新的出發／衝動的／熱情／
上進心／全力衝刺／
打破現狀／三分鐘熱度

權杖皇后　p.114

Keyword **值得依靠的存在**

心胸寬闊／為人親切／情感豐富／
內心堅定／光采動人的魅力／
像姊姊一樣的氣質

權杖國王　p.115

Keyword **滿溢而出的能量**

站在最前面／行動力／風範／
上進心／領導才能／
執行力／熱情／領袖氣質

聖杯A p.116

Keyword **源源不絕愛的力量**

幸福／藝術性／和平／
純潔的愛／精神上的滿足／
發揮感性／療癒

聖杯2 p.117

Keyword **彼此互通的心意**

信賴關係／深刻情誼／
互相理解／戀情的開始／
令人高興的相遇／良好的平衡

聖杯3 p.118

Keyword **培養社會性**

友愛／連帶感／歡樂時光／
視為同伴／保持良好平衡的關係
／舒適的距離感

聖杯4 p.119

Keyword **不為所動的心**

猶豫／無聊／倦怠／錯失機會／
提不起勁／滿不在乎／
妄想得不到的東西

聖杯5 p.120

Keyword **深深的失落感**

氣餒／失望／喪失／
負面情緒／執著／
尚有可能性／需要改變方向

聖杯6 p.121

Keyword **回歸原點**

鄉愁／令人懷念的回憶／
初戀／過去發生的事／
互相理解／淨化

聖杯7 p.122

Keyword **逃避現實**

幻想／妄想／誘惑／對自己有利
的解釋／偏見／表面上的／理想
與現實的落差

聖杯8 p.123

Keyword **逐漸改變的心**

變化／訣別／失去興趣／
再次挑戰／改變方針／
逐漸褪色／拋棄

聖杯9 p.124

Keyword **出乎意料的好運**

成就／滿足感／願望成真／物質
上的安定／精神上的富足／飽滿
充足的狀態

聖杯10 p.125

Keyword **發現此刻的幸福**

幸福感／對家人的愛／安寧／
安全無虞的狀態／充實的人際關
係／平靜的日常生活

聖杯侍從 p.126

Keyword **跟著感性走**

純粹／彈性思考／獨具特色／
溫柔／帶動氣氛的人／
包容一切

聖杯騎士 p.127

Keyword **以緩慢速度前進**

謹慎／穩重／柔軟的身段／
美感／優柔寡斷／被人告白／
出現幫手

聖杯皇后 p.128

Keyword **犧牲奉獻的愛**

善意／慈愛／為對方盡心盡力／寬
厚的心／情意深重／
創造性／浪漫主義者

聖杯國王 p.129

Keyword **大方接納他人**

威嚴／包容力／沉默寡言／
人望／傾聽／值得信賴／
接納對方

寶劍

寶劍 A　　　　　　p.130

Keyword **明確表達己見**

知性／知識／判斷／勝利／
決斷力／與努力相符的成果／
取得社會地位

寶劍 2　　　　　　p.131

Keyword **難以協調**

專心／觀察情況／緊張／
內心的掙扎／保持平衡／
訴諸理性

寶劍 3　　　　　　p.132

Keyword **伴隨離別的傷痛**

喪失／傷心／難過的事／
誤解／麻煩／不得已／
遭受打擊

寶劍 4　　　　　　p.133

Keyword **暫時停止思考**

靜養／休息片刻／靜養休息／
待命／儲存能量／提振精神

寶劍 5　　　　　　p.134

Keyword **爭鬥帶來的空虛**

不公平／殘酷／不留情面的戰鬥
／互相傷害／對勝利的執著

寶劍 6　　　　　　p.135

Keyword **朝著解決問題啟航**

撤退／轉換／安全的旅途／
脫離困境／前往新天地／
出乎預料的發展

寶劍 7　　　　　　p.136

Keyword **沒有惡意的計謀**

欺瞞／狡猾／壞主意／自保／
耍手段／背叛／滿足私欲

寶劍 8　　　　　　p.137

Keyword **萬事休矣的現況**

束縛／不安／受限／藉口／
被逼入絕境／動彈不得

寶劍 9　　　　　　p.138

Keyword **走不出悲傷**

苦惱／絕望／憂心忡忡／
情緒不穩定／悲觀的／恐懼／
不安的心情

寶劍 10　　　　　　p.139

Keyword **來自深淵的希望**

結束／破滅／情況嚴苛／精神上
的折磨／嚴重的打擊／
微乎其微的希望

寶劍侍從　　　　　　p.140

Keyword **敏銳判斷情勢**

監視／戒心／謹慎的行動／步步
為營／嘗試與改進／危機意識／
藏著祕密

寶劍騎士　　　　　　p.141

Keyword **飛快的發展**

敏捷／判斷力／挑戰／
合理的／使命感／
英雄／全力以赴

寶劍皇后　　　　　　p.142

Keyword **客觀的判斷**

嚴格／聰明／孤獨／深思熟慮／
意志堅強／擁有常識／
懂得悲傷的人

寶劍國王　　　　　　p.143

Keyword **對己和他人一樣嚴格**

理性的／權威／決斷力／客觀的
／公正／正確的判斷／
強而有力的領導者

錢幣 A　　　　　　　p.144

Keyword **令人滿意的結果**

成功／繁榮／實現願望／很有挑戰性／經濟上的穩定／
下一個階段

錢幣 2　　　　　　　p.145

Keyword **動作輕快靈巧**

靈活／聰明能幹／適應力／流動的／隨機應變／千變萬化／
樂在其中

錢幣 3　　　　　　　p.146

Keyword **努力會開花結果**

腳踏實地／熟練／上進心／磨練技術／取得信賴／卯足全力／
合作關係

錢幣 4　　　　　　　p.147

Keyword **對豐足富饒的執著**

擁有／執著／經濟能力／
占有欲／安定／採取守備姿態／
排斥變化

錢幣 5　　　　　　　p.148

Keyword **絕望中的一縷曙光**

喪失／經濟上的貧困／不安／
不健康／卑微／孤立無援／
患難與共

錢幣 6　　　　　　　p.149

Keyword **維持對等的關係**

平等／分享／幫助／貢獻／
雇傭關係／好心／
精神上的餘裕／支持

錢幣 7　　　　　　　p.150

Keyword **面對成果**

轉振點／評價／有所不足／
不滿意結果／確認成果／
觀察成長情況

錢幣 8　　　　　　　p.151

Keyword **勤奮態度得到肯定**

專業性／努力／認真／學習技術
／熱衷／修行／準備

錢幣 9　　　　　　　p.152

Keyword **把握機會**

支援／出人頭地／充滿魅力／
獲得他人的喜愛／富裕的生活／
被長輩疼愛

錢幣 10　　　　　　　p.153

Keyword **代代相傳的事物**

繼承／循環／幸福／繁榮／
家庭和樂／集大成／責任／
世界變得完美無缺

錢幣侍從　　　　　　　p.154

Keyword **將所學化為力量**

全心投入／探究心／增加實力／
一心一意／研究／上進心／
認真努力的人

錢幣騎士　　　　　　　p.155

Keyword **一步步向前邁進**

踏實／勤勉／謹慎／責任感／認
真努力的人／不屈不撓／堅忍不
拔／長遠的眼光

錢幣皇后　　　　　　　p.156

Keyword **溫柔將一切擁入懷**

寬容／守護／勤勞／現實的／
包容力／產生共鳴／生產力／
援助／誠實

錢幣國王　　　　　　　p.157

Keyword **財力與權力**

成功／尊嚴／成績／統御力／
做出成果／經濟上的安定／
社會地位

● 監修　　　**紫月香帆**

開運諮商師。自幼生長在對占卜耳濡目染的環境之中，除了塔羅牌，還精通風水、手相、四柱推命等多種領域的命理之術。得益於其豐富知識的高命中率備受好評。曾多次擔任媒體節目的嘉賓，著書無數。

【 Website 】https://www.shizukikaho.com
【 Facebook 】https://www.facebook.com/kaho.shizuki
【 Instagram 】https://www.instagram.com/kaho.shizuki

● STAFF
裝幀	tobufune（小口翔平＋畑中茜）
本文設計・DTP	佐藤春菜
封面插畫	おざわさよこ
本文插畫	柿崎こうこ
圖像提供	株式会社ストーンマーケット、ピクスタ
執筆協力	元井朋子、水本晶子
攝影	松木潤（主婦の友社）
編輯	藤門杏子、吉原朋江（スリーシーズン）
責任編輯	森信千夏、秋谷和香奈（主婦の友社）

● 出版合作
ニチユー株式会社／東京タロット美術館　【 Website 】https://pentacle.jp
AGM-Urania　【 Website 】http://www.agm-urania.com
Lo Scarabeo　【 Website 】https://www.loscarabeo.com
【 Facebook 】https://www.facebook.com/LoScarabeoTarot
【 Instagram 】https://www.instagram.com/loscarabeotarot

● 參考文獻
『鏡リュウジの実践タロット・リーディング』鏡リュウジ（朝日新聞出版）
『タロットの秘密』鏡リュウジ（講談社現代新書）
『これ1冊でぜんぶわかる タロットの基本』ルナ・マリア（主婦の友社）

每日一張塔羅牌—撫慰不安心靈塔羅指引書

出　　　　版／楓樹林出版事業有限公司
地　　　　址／新北市板橋區信義路163巷3號10樓
郵 政 劃 撥／19907596 楓書坊文化出版社
網　　　　址／www.maplebook.com.tw
電　　　　話／02-2957-6096
傳　　　　真／02-2957-6435
監　　　　修／紫月香帆
翻　　　　譯／歐兆苓
責 任 編 輯／吳婕妤
內 文 排 版／楊亞容
港 澳 經 銷／泛華發行代理有限公司
定　　　　價／420元
初 版 日 期／2024年7月

國家圖書館出版品預行編目資料

每日一張塔羅牌：撫慰不安心靈塔羅指引書 / 紫月香帆監修；歐兆苓譯. -- 初版. -- 新北市：楓樹林出版事業有限公司, 2024.07　面；　公分
ISBN 978-626-7394-98-4（平裝）

1. 占卜

292.96　　　　　　　　　　　113007703